# Klettersteige
# für Könner

D1718155

# Christjan Ladurner

# Klettersteige für Könner
## Südtirol – Dolomiten – Gardasee – Lessinische Berge

Luftbildführer

**TAPPEINER.**

# Inhalt

# Einführung

Die Klettersteige der Dolomiten haben nichts von ihrer Faszination verloren, im Gegenteil, immer mehr Bergsteiger tummeln sich dort auf den Eisenwegen. Inzwischen gibt es Klettersteige aber nicht mehr nur in den „bleichen Bergen", sondern sie sind fast überall zu finden, wo es eine ideale Steilwand gibt. Vor allem die Klettersteige in der Gegend um den Gardasee und die Lessinischen Berge ermöglichen dem Alpinisten mehr oder weniger eine ganzjährige Begehung. Obwohl zumeist sehr gut gesichert, sind Klettersteige keine Anstiege für jedermann.

Dieser Band beschreibt 30 Klettersteige für „Könner", also für Alpinisten, die schon einen guten Teil ihrer Bergsteigerzeit auf den Eisenwegen verbracht haben. Für die Begehung der hier aufgeführten Anstiege ist eine solide alpine Erfahrung Grundvoraussetzung. Trittsicherheit, Kondition, gute Klettertechnik und nicht zuletzt eine gehörige Portion Muskelkraft sind ein Muss, um auf diesen „Steigen" sicher unterwegs zu sein.

Zudem bieten nicht nur die Klettersteige durch die steilen Dolomitenwände viel Luft unter den Sohlen, sondern auch alpine Anstiege wie der Weg auf die Tabarettaspitze oder viele Anstiege in der Voralpenregion. Der Autor legte besonderen Wert darauf den Führer so einfach, aber auch so informativ als möglich zu gestalten. Luftbilder und technische Skizzen vermitteln auf den ersten Blick eine gute Gesamtübersicht der gewählten Route. Deshalb beschränken sich die Beschreibungen auf die wichtigsten Details des Anstieges. Eine Landkarte kann allerdings sehr oft und besonders auf langen Touren die Orientierung maßgeblich erleichtern. Die Orientierung am Klettersteig selbst ist sicherlich kein Problem (meistens geht es immer am Stahlseil entlang!), doch manche Zu- und Abstiege haben's in sich und können ohne Landkarte zu einer kleinen Denkaufgabe werden!

## Die Bewertung der Schwierigkeit

Die Unterteilung von Bergtouren in Schwierigkeitsgrade ist eine recht subjektive Sache. Wer viel Kraft hat, der fürchtet sich wohl kaum vor überhängenden Passagen, wer eine gute Kondition und Ausdauer mitbringt, der fühlt sich auch auf langen Aufstiegen wohl und der Trittsichere wiederum hat mit ungesicherten Passagen keine Probleme.

Die Klettersteige in diesem Führer werden generell in drei Schwierigkeitsgrade unterteilt, wobei dafür einfach Sternchen „verteilt" werden.

Zusätzlich werden die „Hauptprobleme" jedes Anstieges nochmals extra in der Routenbeschreibung im Kapitel „Schwierigkeit" angeführt.

★★★ schwierige Klettersteige
Steile und zum Teil exponierte Anstiege mit kurzen, senkrechten Wandpartien. Die Schlüsselstellen sind zumeist durch Tritthilfen oder Leitern entschärft. Der Fels ist gut griffig, zwischendurch gibt es immer wieder einmal Gehgelände, das allerdings sehr oft absolute Trittsicherheit verlangt.

★★★★ sehr schwierige Klettersteige
Vorwiegend nur durch Stahlseile gesicherte Anstiege. Nur überhängende Passagen werden durch Tritthilfen entschärft. Zum Teil glatter Fels, gute Tritttechnik ist angesagt. Eine gute Portion Armkraft ist erforderlich. Diese Anstiege verlaufen zudem oft schon überaus ausgesetzt.

★★★★★ äußerst schwierige Klettersteige
Extrem ausgesetzte und steile Anstiege. Überhängender Fels ist oft die Regel und nicht die Ausnahme. Kaum oder gar keine künstlichen Tritthilfen. Die Fortbewegung erfolgt hauptsächlich am Stahlseil. An manchen Stellen ist man ausschließlich auf die Armkraft angewiesen. Zumeist sehr trittarmer Fels. Kurze Kletterstellen bis Schwierigkeit III können auf diesen Anstiegen vorkommen.

Bei der Tourenplanung ist nicht nur die Schwierigkeit generell in Betracht zu ziehen, sondern die Gesamtlänge des Klettersteiges. Es ist ein großer Unterschied, ob ich auf 100 Höhenmetern extrem viel Kraft brauche oder auf 500 Höhenmetern. Zudem sollte man die geografische Lage der einzelnen Anstiege unbedingt mit einbeziehen. Hochalpine Anstiege unterscheiden sich durch sehr viele Faktoren (Wettergeschehen, Temperatur, Höhe, Abgeschiedenheit, lange Zu- und Abstiege) von einem Klettersteig derselben Schwierigkeit, der sich irgendwo in der Gegend um den Gardasee befindet.

## Die Zeitangabe

Die Aufstiegs- bzw. Gesamtzeiten sind Mittelwerte, die sich durch die jeweiligen Bedingungen am Berg oder den konditionellen Zustand des Bergsteigers auch maßgebend verändern können. Alle Zeitangaben in diesem Führer entsprechen einer durchschnittlichen, konstanten Gehgeschwindigkeit, Rastpausen sind nicht miteingerechnet. Sie können bei der Tourenplanung als Parameter herangezogen werden, doch sollte der Bergsteiger bei der Planung das „Unvorhergesehene" miteinbeziehen und sich auf jeden Fall etwas Extrazeit zugestehen. Die übriggebliebene Zeit, die man am Tagesende eventuell noch zur Verfügung hat, kann man dann nach der Rückkehr ins Tal bei einem Gläschen Wein „vertrinken".

**Die Piktogramme. Bedeutung und kurze Erklärung**

▬▬▬ Stahlseil:

Viele der im Führer aufgelisteten Klettersteige sind komplett mit Stahlseil gesichert. Der Autor hat versucht den Zustand der Stahlseile anzugeben, die sich leider nicht immer von ihrer besten Seite präsentieren! Oft sind die Stahlseile alt, verrostet, viel zu dünn, an den Enden ausgefranst und entlang der Seilstrecke beschädigt, wobei es leicht zu unangenehmen Verletzungen an den Händen kommen kann. An manchen Anstiegen wiederum sind die Stahlseile und die Eisenstifte, an denen sie befestigt sind, ersetzt worden. Ein neues, dickes und gut verspanntes Stahlseil ist natürlich eine angenehme Sache und bietet auch die gewünschte Sicherheit. Grundsätzlich ist zu sagen, dass für die Wartung eines Klettersteiges niemand so recht zuständig ist. Darum ist dem Klettersteigbegeher dringend anzuraten alten Seilen und Seilverankerungen grundsätzlich zu misstrauen und sie nach Möglichkeit visuell zu prüfen, bevor er sich 1000 Meter über Grund lässig ins Seil hängt und in die Leere schwingt!

||||||||| Leitern:

Viele steile oder überhängende Passagen an Klettersteigen werden durch eine Leiter entschärft. Oft verläuft zusätzlich ein Stahlseil als Sicherung neben der Leiter, ansonsten wird der Sicherungskarabiner einfach in die Leitersprossen eingeklinkt. Leitern vermitteln, obwohl sie eigentlich einfach zu begehen sind, immer ein Gefühl großer Ausgesetztheit, vor allem wenn sie sehr lange oder an sehr ausgesetzten Passagen montiert sind. Auch die Leitern sind nicht immer „neuester Bauart", sind aber meistens so überdimensioniert, dass der Zahn der Zeit noch lange daran nagen muss, bevor ihre Festigkeit beeinträchtigt wird.

●━━━● Eisenbügel:

Kurze Steilaufschwünge werden oft mit einigen Eisenbügeln begehbar gemacht. Ein Stahlseil ist meistens als zusätzliche Sicherung angebracht. Kletterstrecken, an denen sich Eisenbügel befinden, können oft sehr steil sein und Armkraft erfordern.

/////// exponierter Pfad:

Alle ungesicherten Teilstücke zwischen den Stahlseilsicherungen oder Leiterstrecken, die zwar einfach begangen werden können, gleichzeitig aber absturzgefährlich sind, werden in diesem Führer als exponierter Pfad angeführt. Absolute Trittsicherheit ist angesagt, denn ein kleiner Fehltritt kann in diesem Gelände große Folgen haben.

Auf **Kletterstrecken,** an denen die Hände

ebenfalls zum Einsatz kommen, wird in der jeweiligen Beschreibung spezifisch hingewiesen.

*Kletterstrecken* sind immer ungesicherte Abschnitte zwischen den Sicherungen und verlangen absolute Trittsicherheit sowie Klettererfahrung.

═══ Steig:

Alle ungesicherten Teilstücke zwischen oder vor und nach den Sicherungen an Klettersteigen, an denen ein Absturz weitgehend unmöglich ist, werden als Steig bezeichnet. Steige können sehr exponiert sein, da sie sich oft über die natürlichen Bänder oder Terrassen an den steilen Dolomitenwänden schlängeln. Auch hier ist Aufmerksamkeit angesagt, denn an sehr ausgesetzten Steigen kann Unachtsamkeit gravierende Folgen haben.

**Die Ausrüstung**

Die Begehung eines Klettersteiges ist ein ernst zu nehmendes, alpines Unternehmen, bei dem die Ausrüstung auf jeden Fall passen muss! Turnschuhe sind zumeist fehl am Platze, da viele Anstiege auch exponierte Wegstrecken ohne Sicherung oder leichte Kletterpassagen aufweisen. Dazu kommen oft noch lange Abstiege im alpinen Gelände oder bei frühen Begehungen harter Restschnee. Deshalb ist auf alle Fälle ein leichter Berg- oder Trekkingschuh zu empfehlen. Der Helm müsste eigentlich gar nicht mehr erwähnt werden, sollte er doch eine Selbstverständlichkeit sein. Trotzdem trifft man immer

wieder bestens ausgerüstete, aber „helmlose" Bergsteiger auf den Klettersteigen an. Schon alleine die große Anzahl an Alpinisten auf diesen Aufstiegen erhöht die Gefahr des Steinschlages.

Als Sicherung kommt heute nur mehr ein komplettes Klettersteig-Set in Frage. Das Set besteht aus zwei automatischen Verschlusskarabinern sowie aus zwei Seilstücken, die miteinander verbunden sind und durch eine Bremse geführt werden, um so einen eventuellen Sturz dynamisch zu entschärfen. Eingebunden wird die Sicherung in einen Hüft- oder Komplettgurt, wobei die Kombination von Hüft- und Brustgurt beim Gehen mit schwerem Rucksack zu empfehlen ist. Für Kletterer ohne schweren Rucksack und mit Sturztraining ist ein Hüftgurt ohne zusätzlichen Brustgurt vertretbar. Dazu kommt natürlich Bergbekleidung und ausreichender Wetterschutz. Die Temperaturen verändern sich auch in den Dolomiten nach einem Wettersturz sehr schnell und dramatisch. Heftige Graupelschauer sind dabei keine Seltenheit. Viele der Klettersteige sind leider immer noch mit dünnen und oft ausgefransten Stahlseilen gesichert. Ein Paar leichte Handschuhe ist deshalb sicherlich kein Luxus!

## Sicher am Klettersteig

*Aigschtign, oigfolln, hin gwesn*

(Hinaufgestiegen, heruntergefallen, tot gewesen – Spruch auf einer Tafel unterhalb einer Steilwand)

Klettersteige sind eine großartige Herausforderung für jeden, der körperlich fit und schwindelfrei ist. Obwohl mit Stahlseilen, Klammern und Leitern gesichert, sind Klettersteige ein durchaus ernst zu nehmendes Unterfangen! Folgende Ausrüstung ist unerlässlich:

1. **Persönliche Sicherheitsausrüstung** bestehend aus:
- Steinschlaghelm
- Klettergurt
- Klettersteig-Set (zwei automatische Verschlusskarabiner, Seilstücke mit Bremse)
- Eventuell dünne Handschuhe (besserer Halt am Stahlseil, geringere Verletzungsgefahr)
2. **Bekleidung**
- festes Schuhwerk mit griffiger Sohle
- nach Möglichkeit lange Hosen (größere Verletzungsgefahr mit kurzer Hose)
- Wetterschutz
- **Tagesproviant und Getränke nicht vergessen!**

**Informieren Sie sich auf jeden Fall über:**
- **Länge des Aufstieges**
- **Schwierigkeit**
- **Abstieg**

## Gefahren am Klettersteig
- Steinschlag, sehr oft durch den Voraussteiger verursacht
- Zu wenig Abstand zwischen den einzelnen Bergsteigern (zwischen den einzelnen Stahlseilverankerungen sollte sich jeweils nur eine Person befinden)
- Blitzschlag
- Unzureichende oder falsche Sicherung

**Hinweis:** Die Klettersteige unterliegen keiner offiziellen Sicherheitsprüfung, es wird also keine regelmäßige Überprüfung oder Wartung durchgeführt. Die Anlagen sind deshalb immer mit der notwendigen Vorsicht zu begehen. Lose Seilenden und Verankerungen können zu tödlichen Fallen werden!

## Wetter
Die Wettervorhersage für Südtirol können Sie im Internet unter http://www.provinz.bz.it/wetter/ oder unter der Telefonnummer +39 0471 270555 – 0471 271177 abrufen.

Für die Gegend um den Langkofel gilt zudem noch die folgende Tiroler Wetterweisheit:

*„Hat der Langkofel einen Hut, so wird das Wetter gut.*
*Hat der Langkofel einen Sabel (Säbel), so wird das Wetter miserabel!"*

## Bergrettung

Wieder einmal ist Italien in der Europäischen Gemeinschaft eine „rühmliche" Ausnahme. Während im übrigen Europa über die Telefonnummer 112 Hilfe angefordert werden kann, muss in Italien, also auch in Südtirol, die 118 gewählt werden. Über die 112 erreicht der Hilfesuchende die nächstgelegene Carabinieristation, was vor allem nahe der Provinzgrenze zu allerlei „sprachlichen Komplikationen" führen kann.

Über die kostenfreie Notrufnummer 118 kann in Südtirol auch bei Bergunfällen Hilfe angefordert werden. Dabei ist es wichtig seinen Standort, die Art des Unfalles, nach Möglichkeit das Verletzungsmuster oder wenigstens die Symptome anzugeben sowie die Anzahl der Verletzten, die Witterungsbedingungen und eine Telefonnummer (Mobiltelefonnummer), über die der Hilfesuchende gegebenenfalls erreicht werden kann.

Viel zu merken? Ganz einfach, dran bleiben am Telefon und der Disponent der Landesnotrufzentrale 118 wird Ihnen weiterhelfen.

Der Berggeher bzw. Bergsteiger sollte allerdings wissen, dass Hilfe im Gebirge sehr kostspielig sein kann. Obwohl im Gegensatz zu anderen Alpenländern in Südtirol die Bergrettung immer noch aus freiwillig arbeitenden Bergsteigern besteht, muss der Verunfallte für die Spesen eines Hubschraubereinsatzes aufkommen. Bei den meisten Bergunfällen wird die Bergrettungsmannschaft mit einer der drei in Südtirol stationierten Rettungsmaschinen an die Unfallstelle geflogen. Daraus können Kosten in der Höhe von mehreren Tausend Euro entstehen. Der Bergsteiger sollte daher vor seinem Urlaub eine Bergekostenversicherung abschließen. Falls er Mitglied eines alpinen Vereines ist, kann eine Bergekostenversicherung im Mitgliedsbeitrag miteingeschlossen sein. Trotzdem besser einmal mehr nachfragen!

## Verantwortung

Weder der Autor noch die Verlagsanstalt übernehmen irgendwelche Haftung für die Richtigkeit der vorliegenden Angaben. Der Zustand und die Schwierigkeit eines Klettersteiges unterliegen vielen Faktoren, wie z.B. Wetter, Jahreszeit und dem konditionellen Zustand des Bergsteigers. Der Klettersteigbegeher ist angehalten, vor Antritt der einzelnen Touren den Wetterbericht zu konsultieren, sich im Tourismusverein oder bei den jeweiligen Schutzhütten über den Wegzustand zu informieren und eine adäquate Tourenplanung durchzuführen.

Alle Angaben Stand Sommer 2006.

## R 1 Tabaretta-Spitze am Ortler

### Zielhöhe 3050 m – Tabaretta-Klettersteig

| | |
|---|---|
| Schwierigkeit: | Wahrscheinlich der schwierigste Klettersteig in Südtirol, den Dolomiten und der Gegend um den Gardasee. Lange Steilpassagen, zum Teil überhängend, ohne jegliche Tritthilfen. Der Aufstieg verlangt außerordentlich viel Armkraft, verläuft durch ausgesprochen alpines Gelände, ist in kurzen Teilen steinschlaggefährdet und hat keinen Notausstieg. Einfach umzukehren ist ohne Seilhilfe extrem schwierig |
| Technische Details: | Größtenteils sehr steiler Klettersteig, der nur mit Stahlseil gesichert ist. Keine künstlichen Tritthilfen an den glatten oder überhängenden Passagen! Die Querung am „geelen Knott" ist extrem kraftraubend. Eine zusätzliche Express- oder kurze Bandschlinge erleichtert die Querung. Einige kurze Gehpassagen zwischen den Steilaufschwüngen bringen zwar etwas Erleichterung, aber auch Steinschlag. Obacht auf nachfolgende Kletterer! Der Ausstieg liegt auf über 3000 m; also keine Gardaseekletterei |
| Detailstrecken am Klettersteig: | 100 % Stahlseil, einige kurze Gehpassagen |
| Gesamter Aufstieg: | 780 Hm, 3½–4 Std. |
| Zustieg: | 60 Hm Abstieg und 280 Hm Aufstieg, 1½–2 Std. |
| Klettersteig: | 500 Hm, 2–2½ Std. |
| Abstieg: | Vom Ausstieg, der auf dem Normalanstieg zum Ortler endet, hinüber zur nahen Payerhütte. Über den Weg Nr. 4 hinunter zur Tabarettahütte und von dort auf dem Zustiegsweg zurück zum Langenstein-Sessellift. (60 Hm Gegenanstieg). 1¾–2 Std. |
| Zeitbedarf insgesamt: | 5½–6 Std. |
| Kartenmaterial: | TABACCO, Blatt 08, Ortlergebiet |

Schwierigkeitsgrad
★ ★ ★ ★ ★

5½-6 Std. 780 Hm 0

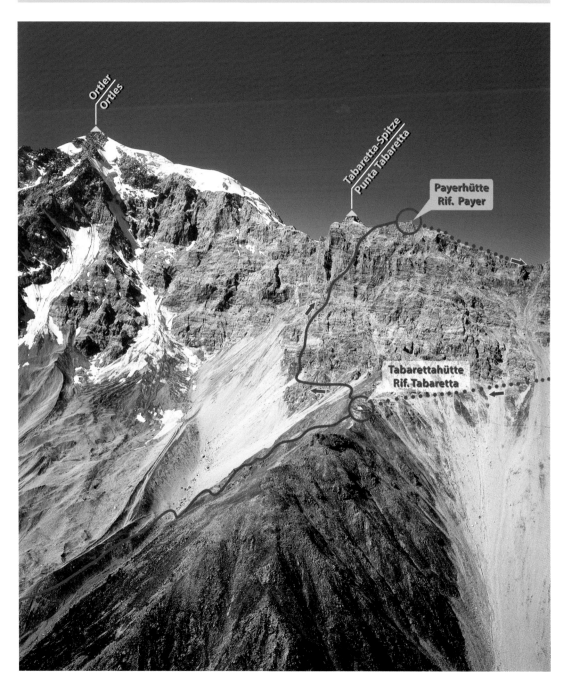

13

| Anfahrt: | Von Meran oder vom Reschenpass kommend durch den Vinschgau bis nach Spondinig. Abzweigung zum Stilfserjoch und nach Sulden. Weiter nach Sulden, bei der Kirche rechts abbiegen und über eine Schotterstraße hinunter zum Parkplatz des Langenstein-Sesselliftes |
|---|---|
| Ausgangspunkt: | Bergstation des Langenstein-Sesselliftes, 2330 m (Bahnbetrieb von Anfang Juni bis Ende Oktober / Fahrplan unter www.seilbahnensulden.it) |
| Zugang: | Von der Bergstation dem gut beschilderten und markierten Weg zur Tabaretta- und Payerhütte folgen. Direkt an der Tabarettahütte Wegschild „Klettersteig". Dem schmalen, teils ausgesetzten Weg folgen bis er sich in einer Geröllspur verliert. Kurz vor Erreichen des großen Moränenfeldes über eine Schotterrinne ein paar Meter hinauf zum Einstieg (Achtung kein Hinweis mehr, Stahlseile vom Zustieg aus sichtbar) |
| Ausrichtung: | Ost |
| Beste Jahreszeit: | Anfang Juli bis Mitte/Ende September (an schneefreien, schönen Herbsttagen auch wesentlich länger möglich). Zustieg dann ohne Aufstiegshilfe (Langenstein-Lift geschlossen – zusätzlich 1 Std.) |

## Routen-Info

Relativ langes, vor allem aber ernst zu nehmendes hochalpines Unternehmen. Nur bei guten Bedingungen und stabiler Wetterlage anzuraten. Hochgebirgserfahrung, Kondition und eine Menge Armkraft sind Voraussetzungen. Am Klettersteig selbst keine Fluchtmöglichkeiten mehr. Rückzug sehr schwierig! Dieser relativ neue Anstieg, der nur etwas für Experten ist, wird sicherlich ein Klassiker unter den schweren Klettersteigen werden.

## Charakteristik

Extrem steile bis überhängende Passagen auf langen Teilstrecken ohne jegliche künstliche Tritthilfe. Die Route führt zumeist sehr ausgesetzt durch ein großartiges alpines Umfeld mit atemberaubendem Blick in die nahe Ortler-Nordwand. Sehr kompakter und abwechslungsreicher Anstieg, der beste Bedingungen in der Route selbst voraussetzt. Unbedingt zu meiden bei unstabiler Wetterlage, nassem, vereistem oder verschneitem Fels!

## Hinweis

Sowohl auf der Tabarettahütte, die sich als nahe gelegener Ausgangspunkt anbietet, als auch auf der Payerhütte gibt es Übernachtungsmöglichkeiten. Beide Hütten sind von Ende Juni bis Mitte/Ende September geöffnet.

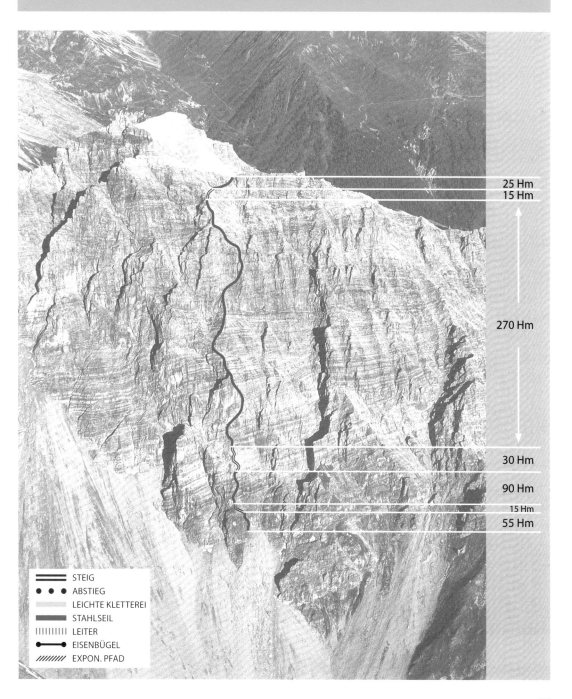

25 Hm
15 Hm

270 Hm

30 Hm

90 Hm

15 Hm

55 Hm

| | STEIG |
|---|---|
| • • • | ABSTIEG |
| | LEICHTE KLETTEREI |
| | STAHLSEIL |
| ||||||||||| | LEITER |
| •——• | EISENBÜGEL |
| ////// | EXPON. PFAD |

## R2   Masarè-Grat, 2600 m

### Masarè-Klettersteig

| | |
|---|---|
| Schwierigkeit: | Da keine künstlichen Tritthilfen vorhanden sind, verlangen die zum Teil senkrechten An- und Abstiege auf dieser Gratkletterei Armkraft und gute Fußtechnik. Das ständige Auf und Ab stellt Ansprüche an die Kondition |
| Technische Details: | Komplexer, zum Teil recht luftiger Anstieg, der sich im ständigen Auf und Ab über den Masarè-Kamm schlängelt. Der Klettersteig ist bis auf einige kurze Gehabschnitte zur Gänze mit Stahlseilen gesichert, alle Steilpassagen sind zusätzlich durch Tritthilfen entschärft |
| Detailstrecken am Klettersteig: | 90 % Stahlseil, 10 % Steig |
| Gesamter Aufstieg: | 595 Hm, 3–3$\frac{1}{2}$ Std. |
| Zustieg: | 460 Hm, 1$\frac{3}{4}$ Std. |
| Klettersteig: | ca. 120 Hm im Aufstieg und ca. 160 Hm im Abstieg, 1$\frac{1}{2}$–2 Std. |
| Ausstieg – Abstieg: | 15 Hm |
| Abstieg: | Vom Ausstieg auf dem Steig über den Grashang Richtung Fensterleturm ansteigen. Direkt an der Felskante beschilderter Abstieg zur Rotwandhütte (Drahtseile, Leiter). Von dort über den Anstiegsweg zurück zur Paolinahütte. 1$\frac{1}{4}$ Std. für den gesamten Abstieg |
| Zeitbedarf insgesamt: | 4–4$\frac{1}{2}$ Std. |
| Kartenmaterial: | TABACCO, Blatt 06, Val di Fassa |

Schwierigkeitsgrad
★★★

4-4½ Std. | 595 Hm | S,W+O

# R2  Masarè-Grat, 2600 m

| | |
|---|---|
| Anfahrt: | Durch das Eggental bis kurz unterhalb des Karerpasses, Talstation Sessellift Paolinahütte |
| Ausgangspunkt: | Paolinahütte, 2125 m. Auffahrt mit dem Sessellift, Sommerbetrieb: 26.5. bis 16.10. / 8.00–12.15 und 13.30–18.00 Uhr, bzw. 17.30 Uhr. Information unter www.fassa.com |
| Zugang: | Von der Paolinahütte (geöffnet von Juni bis Mitte Oktober) über den Weg Nr. 539 zum Christomannos-Denkmal und weiter zur Rotwandhütte. An der Hütte ist der Zustieg zum Masarè-Klettersteig ausgeschildert, ebenso an der darauffolgenden Weggabelung (Via ferrata Masarè) |
| Ausrichtung: | Süd, West und Ost |
| Beste Jahreszeit: | Mitte/Ende Juni bis Ende September, je nach Witterung auch länger |

## Routen-Info

Einfacher Zustieg und relativ kurzer, anfangs gesicherter Abstieg. Die kurzen, ungesicherten Gehpassagen am Klettersteig selbst (vor allem auf der Westseite des Anstieges) können früh im Jahr (Restschnee) oder nach Neuschnee recht unangenehm sein. Die Qualität der Stahlseile wechselt (zum Teil altes, dünnes Seil) und lässt sehr oft zu wünschen übrig.

## Charakteristik

Das ständige Auf und Ab am Klettersteig stellt eine relativ hohe Anforderung an die Kondition. Sehr steile und zum Teil recht exponierte An- und Abstiege über die Grattürme sind bezeichnend für diesen Anstieg im guten und griffigen Fels.

## Tipp

Anstatt unterhalb des Fensterleturmes abzusteigen kann der Aufstieg als Gipfeltour zur Rotwand ausgebaut werden. Es gilt dabei oberhalb des Fensterleturmes nochmals eine sehr exponierte Klettersteigpassage zu überwinden, die in eine Rinne und zum Rotwand-Aufstieg führt. Durch die Rinne führt ein markierter und teilweise gesicherter Anstieg von der Rotwandhütte empor. Der Abstieg von der Rotwand erfolgt über den ebenfalls gesicherten Nordgrat in den Vajolonpass und zurück zur Paolinahütte. Zeitbedarf Fensterleturm – Paolinahütte 3–3$^{1}/_{2}$ Std.

| | STEIG |
|---|---|
| ••• | ABSTIEG |
| | LEICHTE KLETTEREI |
| | STAHLSEIL |
| |||||||||| | LEITER |
| ●━━━● | EISENBÜGEL |
| /////// | EXPON. PFAD |

25 Hm↙  10 Hm↙  30 Hm↙  25 Hm↙  30 Hm  20 Hm↙  5 Hm↙  30 Hm↔  10 Hm↙  10 Hm↙  5 Hm↙  80 Hm↙

## R3  Mittlerer Molignon, 2845 m

### Laurenzi-Klettersteig

| | |
|---|---|
| Schwierigkeit: | Sehr ausgesetzter Anstieg mit vielen ungesicherten Stellen, zum Teil auch leichte Kletterei im Kammbereich |
| Technische Details: | Nur teilweise mit Stahlseilen gesicherter Anstieg, großteils Gehgelände mit einigen, zum Teil sehr ausgesetzten Stellen die keinen Fehltritt erlauben. Langer Abstieg mit zwei ermüdenden Gegenanstiegen |
| Detailstrecken am Klettersteig: | 40 % Stahlseil, 5 % leichte Kletterei, 15 % exponierter Pfad, 40 % Steig |
| Gesamter Aufstieg: | 940 Hm, 3¹/₂–4 Std. |
| Zustieg: | Panoramalift Bergstation (2011 m) – Rosszahnscharte (2499 m), 490 Hm, 1¹/₂ Std., Rosszahnscharte – Tierser-Alpl-Hütte (2440 m), 60 Hm Abstieg, 15 Minuten, Tierser-Alpl-Hütte – Einstieg 215 Hm, 1 Std. / insgesamt 2³/₄ Std. |
| Klettersteig: | 240 Hm Aufstieg, 40 Hm Abstieg, 1 Std. |
| Abstieg: | Vom Gipfel führt ein gut sichtbarer Steig die Ostflanke hinunter. Anfangs sehr steiler Abstieg, im mittleren Teil mit Stahlseilen gesichert. Bis Tierser Alpl 865 Hm Abstieg, 470 Hm Aufstieg, 3–3¹/₂ Std., Tierser Alpl – Panoramalift Bergstation 1–1¹/₂ Std. |
| Gesamter Zeitaufwand: | 9¹/₂–10¹/₂ Std. |
| Kartenmaterial: | TABACCO, Blatt 05, Gröden – Seiseralm |

Schwierigkeitsgrad
★★★★

# R3  Mittlerer Molignon, 2845 m

| | |
|---|---|
| Anfahrt: | Vom Eisacktal über Kastelruth auf die Seiseralm (Die Seiseralm-straße ist täglich vor 9:00 Uhr und nach 17:00 Uhr frei befahr-bar – Compatsch-Parkplatz auf der Alm gebührenpflichtig). Alternativ: die Seiseralm-Umlaufbahn (ab Seis, täglich von 8.00–19.00 Uhr geöffnet) oder der Busdienst Seiseralm-Express (ab Seis und Kastelruth). Alle Informationen unter www.schlerngebiet.com |
| Ausgangspunkt: | Bergstation des Panorama-Sesselliftes, Sommerbetrieb: vom 12. Mai bis Ende Oktober / 8.30–17.30 Uhr |
| Zugang: | Von der Bergstation auf Weg Nr. 2 (Beschilderung) zur Tierser-Alpl-Hütte, 2440 m, (geöffnet von Mitte Juni bis 5. Oktober, Übernachtungsmöglichkeit, www.tierseralpl.com ) |
| Ausrichtung: | Nord |
| Beste Jahreszeit: | Ende Juni bis Mitte/Ende September |

**Routen-Info**

Lange Tagestour, die Ausdauer, sehr viel Kondition und Bergerfahrung voraussetzt. Bei unsi-cherem Wetter ist der Steig wegen seiner Exponiertheit auf alle Fälle zu meiden. Die Übernach-tung in einer der umliegenden Schutzhütten ist wegen der Länge der Tour zu empfehlen.

**Charakteristik**

Großartige Überschreitung mit sehr langem Zu- und Abstieg. Die Tour ist nur zum Teil mit Stahlseilen gesichert, der Rest ist einfaches bzw. exponiertes Gehgelände sowie leichte Klette-rei. Vor allem im Kammbereich wird absolute Trittsicherheit verlangt.

STEIG
ABSTIEG
LEICHTE KLETTEREI
STAHLSEIL
LEITER
EISENBÜGEL
EXPON. PFAD

15 Hm
30 Hm
65 Hm
40 Hm
65 Hm
65 Hm

## R4   Col Ombert, 2670 m

### Kaiserjägersteig

| | |
|---|---|
| Schwierigkeit: | Steile, abdrängende Einstiegspassage, die viel Kraft fordert. Der Anstieg verläuft in brüchigem Fels, was erhöhte Steinschlaggefahr mit sich bringt |
| Technische Details: | Nur mit Stahlseil gesicherter Klettersteig, der in der unteren Hälfte schwierige, zum Teil leicht überhängende Passagen aufweist. Armkraft und gute Tritttechnik sind erforderlich |
| Detailstrecken am Klettersteig: | 100 % Stahlseil |
| Gesamter Aufstieg: | 770 Hm, 2–2$^1/_2$ Std. |
| Zustieg: | 520 Hm, 1–1$^1/_4$ Std. |
| Klettersteig: | 250 Hm, 1–1$^1/_2$ Std. |
| Abstieg: | Auf gut ausgetretenem Steig südostwärts in die erste Scharte und von dort links hinunter. Bei der ersten Linkskehre zweigt ein schwach ausgeprägter Steig nach rechts ab, der unter den Felswänden des Südostgrates durchquert. Kurzer Gegenanstieg durch alte Kriegsstellungen zum Passo Paschè. Südseitig auf dem Weg Nr. 609 absteigen, der schließlich auf den Aufstiegsweg trifft. 1$^1/_2$ Std. |
| Zeitbedarf insgesamt: | 3$^1/_2$–4 Std. |
| Kartenmaterial: | TABACCO, Blatt 06, Val di Fassa |

Schwierigkeitsgrad
★★★★

Cime Cadine

Col Ombert

Rif. Passo di San Nicolò

| | |
|---|---|
| Anfahrt: | Über den Karerpass oder durch das Fassatal bis nach Pozza di Fassa. Dort ins Val di San Nicolò abzweigen. Gegen das Talende hin rechter Hand großer, gebührenpflichtiger Parkplatz. Man kann allerdings noch 2,5 km weiterfahren. Am Ende der Teerstraße geht es weiter über eine sehr schlechte Schotterstraße bis zum Fahrverbotsschild beim österreichischen Kriegerdenkmal. Begrenzter Parkplatz |
| Ausgangspunkt: | Parkplatz beim österreichischen Kriegerdenkmal, 1900 m |
| Zugang: | Weiter über die Schotterstraße (Weg Nr. 6089, bis die Straße an der Talstation der Materialseilbahn zum Rifugio Passo di San Nicolò endet. Von dort führt der Steig zum Teil sehr steil zur Hütte. An dieser vorbei und hinauf zum gut sichtbaren Einstieg. Der Zustieg zum Klettersteig ist beschildert |
| Ausrichtung: | West |
| Beste Jahreszeit: | Ende Juni bis Mitte/Ende September |

**Routen-Info**

Zur Gänze mit Stahlseil gesicherter Anstieg mittlerer Länge. Der Klettersteig ist nicht besonders frequentiert, der Zu- und Abstieg sowie die Route selbst liegen in einer sehr reizvollen Umgebung.

**Charakteristik**

Anstieg auf altem Kriegssteig, der wieder instand gesetzt wurde. Einige glatte, überhängende Passagen ohne Tritthilfen verlangen eine gute Portion Armkraft. Die Gesteinsqualität lässt sehr zu wünschen übrig (brüchig). Von einer Begehung ist abzuraten, wenn sich mehrere Bergsteiger gleichzeitig in größeren Abständen am Klettersteig befinden.

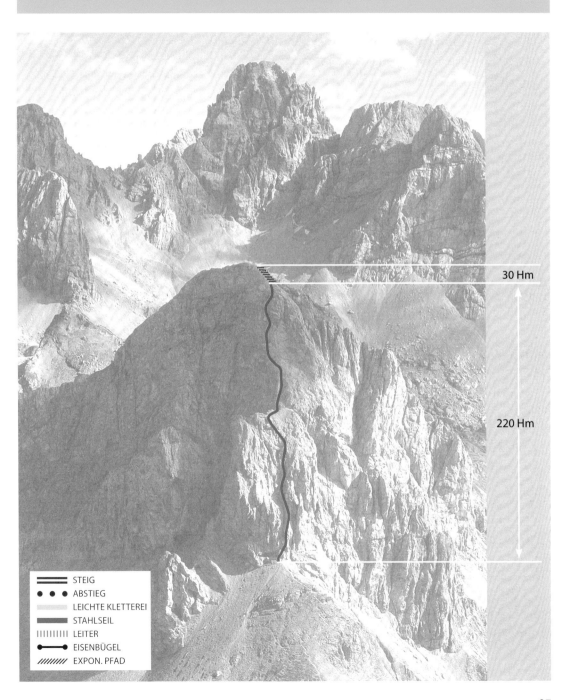

30 Hm

220 Hm

STEIG
● ● ● ABSTIEG
LEICHTE KLETTEREI
STAHLSEIL
|||||||||| LEITER
●——● EISENBÜGEL
//////// EXPON. PFAD

## R5   Colàc, 2715 m

### Via ferrata dei Finanzieri

| | |
|---|---|
| Schwierigkeit: | Unangenehm rutschige und glatte Plattenkletterei im unteren Teil des Anstieges. Zudem herrscht am ganzen Aufstieg Steinschlaggefahr. Im Mittelteil äußerst ausgesetzte und fast überhängende Passage über Eisenklammern |
| Technische Details: | Relativ langer Klettersteig mit kurzem Zustieg und mäßig langem Abstieg, auf dem jedoch Vorsicht geboten ist. Das Sicherungsseil weist lange Abstände zwischen den einzelnen Verankerungspunkten auf. Kein besonders direkter Anstieg, sondern relativ viele Querungen am Klettersteig |
| Detailstrecken am Klettersteig: | 80 % Stahlseil, 20 % exponierter Pfad |
| Gesamter Aufstieg: | 645 Hm, 2¹/₂ Std. |
| Zustieg: | 100 Hm Abstieg, 80 Hm Aufstieg, ¹/₂ Std. |
| Klettersteig: | 545 Hm, 1¹/₂–2 Std. |
| Abstieg: | Der Abstieg führt vom Gipfel stahlseilgesichert durch die Südostflanke hinunter. Einige Teilstrecken, die über loses Gestein führen, sind wiederum sehr dem Steinschlag der Nachsteiger ausgesetzt. Kurzer Gegenanstieg auf gutem Steig in den Grassattel der Forcia Neigra und von dort weiter hinunter zum Ausgangspunkt. 1¹/₂–2 Std. |
| Zeitbedarf insgesamt: | 4–4¹/₂ Std. |
| Kartenmaterial: | TABACCO, Blatt 06, Val di Fassa |

Schwierigkeitsgrad
★★★★

Colac

Bergstation Seilbahn
Stazione a monte funivia

# R5 | Colàc, 2715 m

| | |
|---|---|
| Anfahrt: | Durch das Fassatal oder über den Sellapass nach Canazei und weiter bis in die Ortschaft Alba zum Parkplatz der Ciampac-Seilbahn (Bahnbetrieb von Anfang Juli bis Mitte September – Betriebszeiten unter www.fassa.com) |
| Ausgangspunkt: | Bergstation der Ciampac-Seilbahn, 2170 m |
| Zugang: | Von der Bergstation ostwärts absteigen Richtung Wasserspeicher, der in einer Senke liegt und diesem gegenüber auf markiertem Steig zum Einstieg |
| Ausrichtung: | West |
| Beste Jahreszeit: | Anfang Juli bis Mitte/Ende September |

**Routen-Info**

Die Abstände zwischen den Verankerungspunkten der Stahlseile sind auf diesem Anstieg auf alle Fälle viel zu lang, die Seile sind zum Teil zu locker gespannt. Der Fels ist zudem sehr brüchig und es besteht relativ große Steinschlaggefahr für Nachsteiger. Aufgrund der Bahnnähe sehr frequentierter Anstieg. Also früh genug einsteigen, um vom „Rest der Welt" Abstand zu halten!

**Charakteristik**

Im unteren Teil des Aufstieges Kletterei auf überaus glatten Platten, die zudem auch noch sehr oft nass sind. Im Mittelteil sorgt eine sehr luftige, fast überhängende Passage an Eisenbügeln für die notwendige Anspannung. Der Klettersteig verläuft im Zickzack und es gilt daher eine gute Portion Wegstrecke zu überwinden.

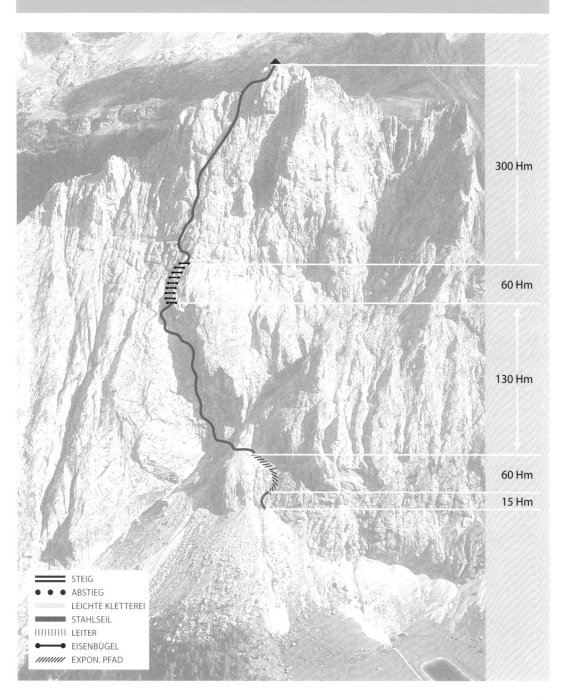

300 Hm

60 Hm

130 Hm

60 Hm

15 Hm

STEIG
ABSTIEG
LEICHTE KLETTEREI
STAHLSEIL
LEITER
EISENBÜGEL
EXPON. PFAD

## R6   Punta Penia, 3343 m

### Westgrat-Klettersteig

| | |
|---|---|
| Schwierigkeit: | Keine allzu großen technischen Schwierigkeiten am Klettersteig selbst, die Route insgesamt ist jedoch sehr alpin und erfordert solide Erfahrung im Hochgebirge und vergletscherten Terrain sowie eine ausgezeichnete Kondition. Nach einem Gewitter oder einer Schlechtwetterperiode ist der Grat oft vereist. Steigeisen und Eispickel sowie ein Seil sind für den Zu- und Abstieg unerlässlich |
| Technische Details: | Gut durch Stahlseil gesicherter Klettersteig mit zwei langen Anstiegen über Eisenbügel. Ausgesetzte Kletterei über steile, glatte Felsplatten. Der Zu- und Abstieg erfolgt über vergletschertes Gebiet |
| Detailstrecken am Klettersteig: | 80 % Stahlseil, 20 % Eisenbügel |
| Gesamter Aufstieg: | 870 Hm, $3^{1}/_{2}$–4 Std. |
| Zustieg: | 150 Hm Abstieg, 420 Hm Aufstieg, 2 Std. |
| Klettersteig: | 450 Hm, $1^{1}/_{2}$–2 Std. |
| Abstieg: | Zuerst über den vereisten Nordgrat (Normalweg), um dann über einen gesicherten Felsriegel (Stahlseile) abzusteigen, der auf den Ghiacciaio della Marmolada führt. Über diesen zurück zum Ausgangspunkt. $1^{1}/_{2}$–2 Std. |
| Zeitbedarf insgesamt: | $5^{1}/_{2}$–6 Std. |
| Kartenmaterial: | TABACCO, Blatt 015, Marmolada – Pelmo – Civetta – Moiazza |

Schwierigkeitsgrad
★ ★ ★

5½-6 Std.  870 Hm  W

Capanna Punta Penia

Marmolata
Marmolada

Pian dei Fiacconi

# R6  Punta Penia, 3343 m

| | |
|---|---|
| Anfahrt: | Der Fedaia-Stausee am Passo di Fedaia ist am einfachsten über den Sellapass und Canazei im Fassatal oder über den Karerpass und Canazei zu erreichen. Über die Staumauer (geöffnet für den Autoverkehr) zur Talstation des Korbliftes. Parkplatz. Auffahrt mit dem Lift zum Rifugio Pian dei Fiacconi. Öffnungszeiten und Fahrplan unter www.fassa.com |
| Ausgangspunkt: | Rifugio Pian dei Fiacconi, 2626 m, geöffnet von Juni bis September, Übernachtungsmöglichkeit, www.piandeifiacconi.it |
| Zugang: | Vom Rifugio Pian dei Fiacconi über den markierten Steig 606 absteigen. Gegenanstieg zum Vernel-Gletscher und über zumeist gut ausgetretene Spur in die Forcella della Marmolada. Die Felsen unterhalb der Scharte sind mit Stahlseil gesichert |
| Ausrichtung: | West |
| Beste Jahreszeit: | Anfang Juli bis Mitte/Ende September |

**Routen-Info**

Lange, aber vor allem alpine Bergtour. Der Klettersteig selbst birgt eigentlich keine besonderen technischen Schwierigkeiten, doch kann er nach einem Wetterumschwung auch im Sommer unangenehm vereist sein. Bei unsicherem Wetter und bei Gewitterlage ist dieser Anstieg auf alle Fälle zu meiden. Dem harmlos wirkenden Ghiacciao della Marmolada (Abstieg) sollte mit gebührendem Respekt, aber vor allem mit Seil und voller Gletscherausrüstung begegnet werden!

**Charakteristik**

Der Anstieg verläuft über steiles, glattes Plattengelände, gut mit Stahlseil gesichert. An den schwierigen Stellen viele Eisenbügel. Bei trockenen Verhältnissen keine besonderen technischen Schwierigkeiten.

**Hinweis**

Direkt am Gipfel steht die Capanna Punta Penia, geöffnet von Juni bis September, mit Übernachtungsmöglichkeit.

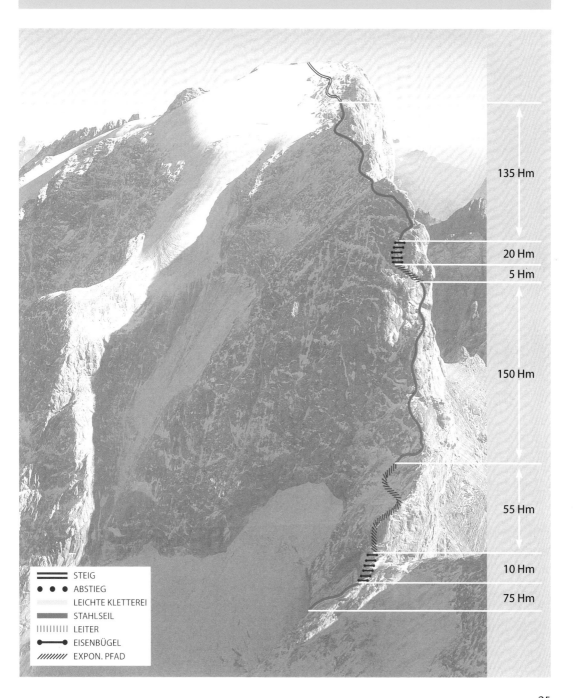

135 Hm

20 Hm
5 Hm

150 Hm

55 Hm

10 Hm

75 Hm

STEIG
ABSTIEG
LEICHTE KLETTEREI
STAHLSEIL
LEITER
EISENBÜGEL
EXPON. PFAD

## R7 Punta Serauta, 2962 m

### Via ferrata eterna – Brigata Cadore

| | |
|---|---|
| Schwierigkeit: | Keine allzu großen technischen Schwierigkeiten, am Grat teilweise sehr exponiert, beste Kondition und solide alpine Erfahrung unbedingte Voraussetzung |
| Technische Details: | Äußerst langer und anstrengender Klettersteig, zur Gänze mit Stahlseil gesichert (sehr schlechte Seilqualität, im untersten Teil fehlt auf kurzen Strecken das Seil – Schaden durch Steinschlag). Bis zum Grat erfolgt die Fortbewegung über geneigte Platten, während der Weiterweg über den Grat ab der Punta Serauta zum Teil ziemlich ausgesetzt verläuft. Insgesamt eher schlechte Sicherungen, daher ist absolute Trittsicherheit und eine gute Portion Erfahrung im alpinen Gelände ein Muss |
| Detailstrecken am Klettersteig: | 100 % Stahlseil |
| Gesamter Aufstieg: | 1150 Hm, 5½–6 Std. |
| Zustieg: | 150 Hm, 40 Minuten |
| Klettersteig: | ca. 1000 Hm im Aufstieg, ca. 170 Hm Abstieg (Teilstrecken am Grat), 4½–5½ Std. |
| Abstieg: | Am besten und einfachsten mit der Seilbahn nach Malga Ciapela (Betriebszeiten unter www.fassa.com). Von dort mit dem Linienbus zurück zum Passo Fedaia (Abfahrt um 11.05–14.50–16.50 Uhr). Der Abstieg über den Gletscher längs der Skipiste erfordert Gletscherausrüstung (zusätzlich gute 2 Stunden Zeitaufwand) |
| Zeitbedarf insgesamt: | bei Bahnbenutzung 5½–6 Std. |
| Kartenmaterial: | TABACCO, Blatt 015, Marmolada – Pelmo – Civetta – Moiazza |

Schwierigkeitsgrad
★★★★

5½-6 Std.

1150 Hm

NO

Palagruppe
Pale di San Martino

Punta Serauta

Rif. Serauta/Seilbahnstation
Stazione a monte funivia

37

# R7  Punta Serauta, 2962 m

| | |
|---|---|
| Anfahrt: | Der Passo di Fedaia ist am einfachsten über den Sellapass und Canazei im Fassatal oder über den Karerpass und Canazei zu erreichen |
| Ausgangspunkt: | Passo Fedaia, 2056 m, am östlichen Ende des Stausees |
| Zugang: | Vom Rifugio Passo Fedaia kurz neben der Straße abwärts und bei der ersten Linkskurve weiter über die Skipiste. Eine Steigspur leitet abwärts zur ersten (verblasster roter Pfeil) Markierung. Von dort über einen schmalen Weg aufwärts zum Einstieg |
| Ausrichtung: | Nordost |
| Beste Jahreszeit: | Anfang Juli bis Mitte/Ende September |

## Routen-Info

Sehr langer Klettersteig, der eine ausgezeichnete Kondition voraussetzt. Die Plattenkletterei im unteren Teil erfordert gute Tritttechnik. An zwei Stellen ist das Stahlseil durch Steinschlag unterbrochen (Sommer 2006). Solide Klettertechnik im II. Schwierigkeitsgrad ist gefragt (eventuell ein kurzes Seil mitnehmen). Das Gestein im gesamten Aufstieg ist eher brüchig, daher besonders im unteren Teil Steinschlaggefahr durch voraussteigende Seilschaften. Die Abstände zwischen den einzelnen Stahlseilverankerungen sind sehr lang, das Stahlseil ist zumeist nur lose verspannt.

## Charakteristik

Der lange und direkte Aufstieg über glatte Platten stellt Ansprüche an die Unterschenkelmuskulatur! Am Grat ab der Punta Serauta zum Teil sehr ausgesetzte Passagen. Die Kletterei am Grat wartet bis zum Schluss immer wieder mit steilen Abstiegen und Gegenanstiegen auf (sehr ermüdend). Bei unbeständigem Wetter, Nässe, nach einem Wettersturz oder bei noch vorhandenen Schneeresten ist von einer Begehung dieses Klettersteiges unbedingt abzuraten (Vereisung und Glätte)!

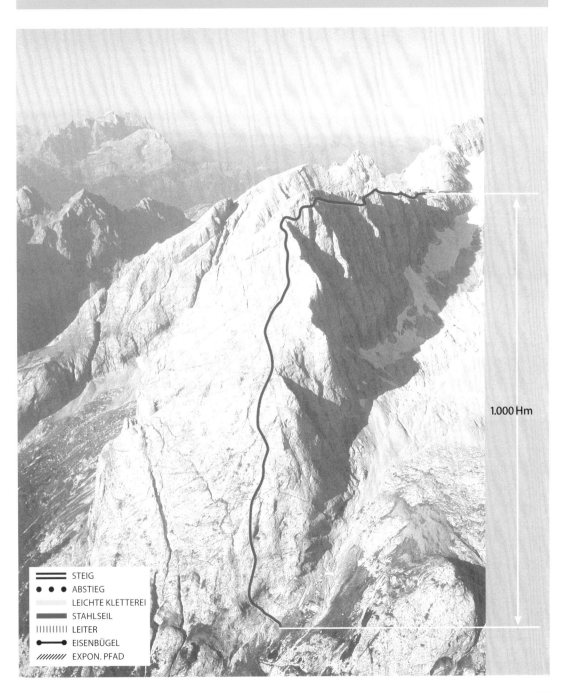

1.000 Hm

STEIG
ABSTIEG
LEICHTE KLETTEREI
STAHLSEIL
LEITER
EISENBÜGEL
EXPON. PFAD

## R8 Bec de Mezdì, 2727 m

### Via ferrata delle Trincee

| | |
|---|---|
| Schwierigkeit: | Besonders im ersten Abschnitt steiler und ausgesetzter Kletter-steig, der gute Tritttechnik voraussetzt. Der Weiterweg über den Grat ist einfacher, der Abstieg im letzten Teilstück ist wiederum sehr steil, erfordert ebenfalls gute Tritttechnik und Armkraft |
| Technische Details: | Kurzer Klettersteig mit einfachem, kurzem Zu- und Abstieg. Bis auf einige wenige Tritthilfen an sehr steilen Stellen ist der Anstieg nur mit Stahlseil gesichert, das jedoch gut verspannt ist und kurze Abstände zwischen den Fixpunkten aufweist |
| Detailstrecken am Klettersteig: | 80 % Stahlseil, 20 % Steig |
| Gesamter Aufstieg: | 290 Hm Aufstieg, 1¹/₂ Std. |
| Zustieg: | 90 Hm, ¹/₂ Std. |
| Klettersteig: | 200 Hm Aufstieg, 40 Hm Abstieg, 1 Std. |
| Abstieg: | Von den letzten Sicherungen auf steilem Steig durch die Grasflanke bis in die Scharte (alte Kriegsstellungen). Von der Scharte den Markierungen folgend absteigen und über den Höhenweg zurück zur Porta Vescovo. 1 Std. |
| Zeitbedarf insgesamt: | 2¹/₂ Std. |
| Kartenmaterial: | TABACCO, Blatt 06, Val di Fassa |

Schwierigkeitsgrad
★★★★

40

2½ Std. | 290 Hm | S,S-0

Sorapis

Antelao

Monte Pelmo

Bec de Mezdi

**Bergstation Seilbahn
Staz. a monte funivia**

| | |
|---|---|
| Anfahrt: | Über den Passo Pordoi oder von Corvara über den Passo Campolongo nach Arabba. Auffahrt zur Porta Vescovo mit der Seilbahn (Bahnbetrieb von Mitte Juli bis Mitte September, Betriebszeiten unter www.dolomitesholiday.com) |
| Ausgangspunkt: | Bergstation der Seilbahn Porta Vescovo, 2478 m |
| Zugang: | Von der Bergstation Porta Vescovo kurz über die Skipiste aufwärts, um dann nach rechts auf schmalem Steig kurz abzusteigen bis man auf die Markierung zum Klettersteig trifft. Der erste Teil des Anstieges ist von der Bergstation der Seilbahn einsehbar |
| Ausrichtung: | Süd, Südost |
| Beste Jahreszeit: | Ende Juni bis Mitte/Ende September |

**Routen-Info**

Nicht allzu langer, aber bestens gesicherte Klettersteig mit kurzem Zu- und einfachem Abstieg. Interessante und abwechslungsreiche Route in bestem Fels! Einige wenige künstliche Tritte erleichtern das Steigen an den schwierigen Stellen. Erfolgt der Zustieg von Fedaia, so verlängert sich die Tour um gute 2 bis 2$\frac{1}{2}$ Stunden!

**Charakteristik**

Interessanter Anstieg in durchwegs festem Fels. Die nahezu senkrechte Wand direkt am Einstieg kann wohl als Schlüsselstelle bezeichnet werden, doch bietet der Fels immer gute Trittmöglichkeiten, sofern der Klettersteiggeher über gute Technik verfügt. Exponierte Querung zum Grat. Zwei nicht ganz einfache Steilstufen sind zudem im Abstieg zu bewältigen. Der Anstieg ist mit Stahlseil bestens gesichert; der kurze, ungesicherte Gegenanstieg aus der ersten Scharte verläuft problemlos über einen Steig. Bei unsicherem Wetter (Gewittergefahr) Hände weg vom Steig (Grat)!

**Hinweis**

Zugang zur Porta Vescovo ab Fedaia-Stausee (Anfahrt mit dem Auto über Canazei im Fassatal) über den Weg Nr. 698 in ca. 1$\frac{1}{4}$ Stunden

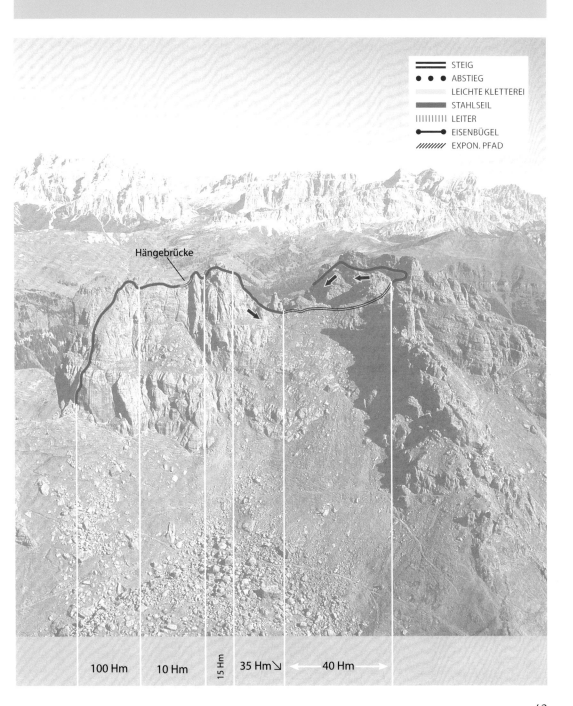

STEIG
ABSTIEG
LEICHTE KLETTEREI
STAHLSEIL
LEITER
EISENBÜGEL
EXPON. PFAD

Hängebrücke

100 Hm    10 Hm    15 Hm    35 Hm↘    ←    40 Hm    →

# R9 Piz Boè, 3152 m

## Via ferrata Cesare Piazzetta

| | |
|---|---|
| Schwierigkeit: | Sehr große technische Schwierigkeiten (extrem kraftraubend) auf den ersten 150 Höhenmetern, der Rest ist einfacheres Gelände. Armkraft, sehr gute Kondition und solide alpine Erfahrung unbedingte Voraussetzungen |
| Technische Details: | Langer und sehr steiler Anstieg, wobei der erste Teil glatte, ausgesetzte und auf kurzen Strecken auch überhängende Kletterei präsentiert. Klettersteig ausgezeichnet mit Stahlseil gesichert, wobei einige Steilstufen durch Tritthilfen etwas entschärft wurden |
| Detailstrecken am Klettersteig: | 65 % Stahlseil, 25 % exponierter Pfad, 10 % Steig, 4 m Hängebrücke |
| Gesamter Aufstieg: | 923 Hm, 4–4$^1/_2$ Std. |
| Zustieg: | 400 Hm, 1$^1/_2$ Std. |
| Klettersteig: | 380 Hm, 2–2$^1/_2$ Std. |
| Ausstieg – Gipfel: | 143 Hm, $^1/_2$ Std., am Gipfel Rifugio Piz Fassa Übernachtungsmöglichkeit |
| Abstieg: | 1$^1/_2$–2 Std. |
| Zeitbedarf insgesamt: | 6–6$^1/_2$ Std. |
| Kartenmaterial: | TABACCO, Blatt 07, Alta Badia – Hochabtei |

Schwierigkeitsgrad
★★★★★

Piz Boè

Rif. Capanna Fassa

Kriegerdenkmal
Ossario del Pordoi

P

# R9  Piz Boè, 3152 m

| | |
|---|---|
| Anfahrt: | Von Canazei im Fassatal oder von Arabba auf das Pordoijoch. Vom Joch ostwärts auf einem asphaltierten Sträßchen zum weithin sichtbaren Kriegerdenkmal. Kleiner Parkplatz |
| Ausgangspunkt: | Kriegerdenkmal, 2229 m |
| Zugang: | Der Pfad, der zum Einstieg führt, beginnt direkt am Kriegerdenkmal und ist auch ausgeschildert. Zum Teil recht steil über spärlich markiertem Weg hinauf bis unter die Steilwände des Piz Boè. Dort trifft man auf den Weg Nr. 7, der nach rechts zum Einstieg führt |
| Ausrichtung: | Süd |
| Beste Jahreszeit: | Anfang Juli bis Mitte/Ende September |

## Routen-Info

Langer Anstieg und sehr schwieriger Klettersteig, der ausgezeichnet gesichert ist, im oberen Wandteil jedoch immer wieder exponiertes Gelände ohne Seilsicherung aufweist. Der Klettersteig verläuft im ersten Teil durch festen Fels, im Schroffenbereich des oberen Teiles ist auf loses Gestein zu achten. Das Stahlseil ist in kurzen Abständen fest verspannt und zudem gibt es an den ganz schweren Stellen oft noch zusätzliche, künstliche Steighilfen.

## Charakteristik

Diese anspruchsvolle Route stellt hohe Anforderungen an die Kraft und Tritttechnik. Solide alpine Erfahrung sowie Trittsicherheit im exponierten Gelände sind Grundvoraussetzungen für die Begehung dieses Klettersteiges. Der lange Anstieg verlangt zudem stabiles Wetter.

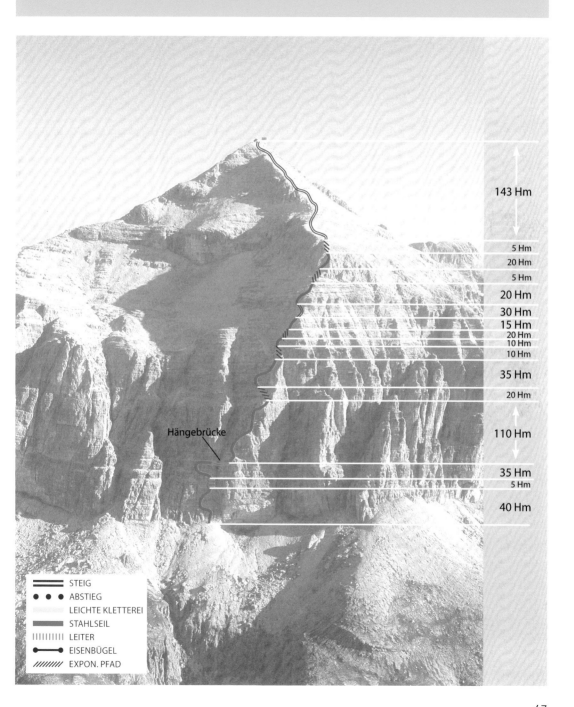

143 Hm

5 Hm
20 Hm
5 Hm
20 Hm
30 Hm
15 Hm
20 Hm
10 Hm
10 Hm
35 Hm
20 Hm

Hängebrücke

110 Hm

35 Hm
5 Hm
40 Hm

STEIG
ABSTIEG
LEICHTE KLETTEREI
STAHLSEIL
LEITER
EISENBÜGEL
EXPON. PFAD

## R 10 Piz Boè, 3152 m

### Vallon-Klettersteig

| | |
|---|---|
| Schwierigkeit: | Kurzer Klettersteig mit steiler, schwieriger Ausstiegswand, tritt-arm und fast immer nass (kleiner Wasserfall direkt daneben) |
| Technische Details: | Kurzer Zustieg, kurzer Klettersteig, aber insgesamt langer Anstieg und relativ langer Abstieg. Stahlseil am ersten Teil des Steiges im schlechten Zustand, die schwierigen Steilpassagen sind gut gesichert |
| Detailstrecken am Klettersteig: | 100 % Stahlseil, 3 m Hängebrücke |
| Gesamter Aufstieg: | 620 Hm, 2½–3 Std. |
| Zustieg: | 120 Hm, ½ Std. |
| Klettersteig: | 100 Hm, ½–1 Std. |
| Ausstieg – Gipfel: | 400 Hm, 1½–2 Std., Capanna Piz Fassa direkt am Gipfel, Über-nachtungsmöglichkeit |
| Abstieg: | Vom Gipfel führt der Weg Nr. 638 ohne besondere Schwierig-keiten zurück zum Ausgangspunkt (Beschilderung am Gipfel) 1½ Std. |
| Zeitbedarf insgesamt: | 4–4½ Std. |
| Kartenmaterial: | TABACCO, Blatt 07, Alta Badia – Hochabtei |

Schwierigkeitsgrad
★ ★ ★

Piz Boè

**Bergstation Sessellift**
**Staz. a monte seggiovia**

| | |
|---|---|
| Anfahrt: | Durch das Grödental und über das Grödnerjoch nach Corvara oder vom Pustertal kommend durch das Gadertal nach Corvara |
| Ausgangspunkt: | Corvara, Auffahrt mit der Kabinenbahn zum Crep de Munt und weiter mit dem Sessellift zum Vallon-Kar, 2537 m (Sommerbetrieb: 2.7. bis 23.9 / 8.45–12.30 Uhr / 13.45–17.15 Uhr, www.altabadia.org/summer) |
| Zugang: | An der Bergstation des Vallon-Sessellifts, 2537 m, ist der Zustieg zum Vallon-Klettersteig ausgeschildert, der Weg ist zudem mit roten Farbtupfern markiert |
| Ausrichtung: | Nordost |
| Beste Jahreszeit: | Anfang Juli bis Mitte September |

**Routen-Info**

Langer Anstieg, mit kurzem Klettersteigintermezzo. Als Alternative zum Normalabstieg bietet sich der Abstieg über den Lichtenfelser Steig an (Markierung 672 – im letzten Teilstück sowohl im Auf- als auch im Abstieg über dieselbe Route). Daraus ergibt sich ein großartiger Rundweg für den geübten Bergsteiger (zeitlich länger als über den Normalabstieg).

**Charakteristik**

Alpiner Anstieg, der vor alledem im Kammbereich vor dem Piz-Boè-Gipfel Trittsicherheit verlangt. Bei Nebel oder Neuschnee kann die Orientierung auf den weiten Flächen des Piz Boè problematisch werden!

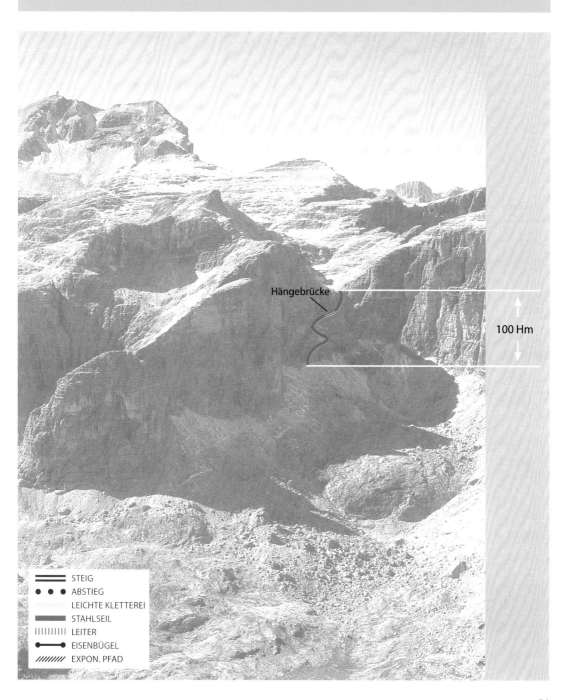

Hängebrücke

100 Hm

STEIG
ABSTIEG
LEICHTE KLETTEREI
STAHLSEIL
LEITER
EISENBÜGEL
EXPON. PFAD

# R11 Piz Selva, 2941 m

## Pößnecker Steig

| | |
|---|---|
| Schwierigkeit: | Anstieg über zum Teil sehr glatten Fels. Durch nordwestliche Ausrichtung halten sich Schnee und Nässe auf diesem Anstieg sehr lange; oft kalt und vereist. Sehr langer Abstieg |
| Technische Details: | Sehr alpiner Klettersteig über glatten Fels, Steilpassagen durch Leitern und künstliche Tritte (Eisenbügel und Stifte) etwas entschärft. Zum Großteil sehr steiler und auch exponierter Anstieg, Armkraft und gute Tritttechnik erforderlich |
| Detailstrecken am Klettersteig: | 80 % Stahlseil, 4 % Leitern, 8 % Eisenbügel, 8 % exponierter Pfad |
| Gesamter Aufstieg: | 700 Hm, 3½ Std. |
| Zustieg: | 50 Hm, ½ Std. |
| Klettersteig: | 250 Hm, 1½ Std. |
| Ausstieg – Piz Selva: | 400 Hm, 1½ Std. Vom Ausstieg weiter auf gut sichtbaren Steigspuren, nochmals kurze Stahlseilsicherung, dann auf markiertem Steig zur oberen Schutterrasse bzw. in den Sattel zwischen Piz Ciavazes und Piz Selva. Nach links und wiederum gesichert zum Piz Selva |
| Abstieg: | Vom Gipfel führen markierte Steigspuren zum großen Gipfelkreuz am Piz Miara. Weiter abwärts in die Forcela dei Ciamorces (Gamsscharte), 2923 m, und in die Sela di Pisciadù. Rechts ab über Weg Nr. 649 und den Dolomiten-Höhenweg Nr. 2 bis zur Weggabelung, dort Weg Nr. 647 einschlagen. Über diesen durch das Val Lasties bis zur nächsten Wegkreuzung. Dort den Weg Nr. 656 bis zur Kehre der Sellajochstraße benutzen. Auf der Straße zurück zum Sellajoch (Gegenanstieg). Insgesamt 4 Std. |
| Zeitbedarf insgesamt: | 7–7½ Std. |
| Kartenmaterial: | TABACCO, Blatt 05, Gröden – Seiseralm |

Schwierigkeitsgrad
★★★★

Piz Selva

# R11 Piz Selva, 2941 m

| | |
|---|---|
| Anfahrt: | Durch das Grödner Tal bis nach Wolkenstein und weiter zum Sellajoch. Parkplatz auf der Passhöhe |
| Ausgangspunkt: | Der kleine Kiosk am Sellajoch, 2244 m, linker Hand kurz vor dem Albergo Maria Flora |
| Zugang: | Vom Kiosk über einen guten Steig mit der Markierung 649 unter den Sellatürmen hindurch zum Einstieg |
| Ausrichtung: | Nordwest |
| Beste Jahreszeit: | Ende Juni bis Mitte/Ende September. Achtung auf Schnee und Eisreste im Frühsommer und Spätherbst |

## Routen-Info

Kurzer, einfacher Zustieg, anstrengender, steiler und sehr alpiner Klettersteig mit sehr langem Abstieg. Einstieg nur in trockenen Perioden und bei absolut gutem Wetter empfohlen. Achtung auf Schnee- und Eisreste im Frühjahr! Der Klettersteig liegt am Morgen lange im Schatten. Kurze, ungesicherte Stellen erfordern absolute Trittsicherheit. Bei schlechter Sicht kann die Orientierung am Gipfelplateau sehr schwierig werden!

## Charakteristik

Sehr steiler und ausgesetzter Anstieg, vor allem der Ausstieg auf die zweite Leiter ist äußerst exponiert. Armkraft, aber auch gute Technik auf den glatten Felsplatten und im Kamin (nur Eisenklammern, kein Stahlseil) sind unbedingt erforderlich. Eis- und Schneereste können eine Begehung unmöglich machen. Insgesamt sehr lange und anspruchsvolle Tour, die eine gute Portion an alpiner Erfahrung voraussetzt. Zum Teil lange Seilabstände zwischen den einzelnen Verankerungen. Achtung: Das Stahlseil ist zudem an einigen Stellen sehr locker verspannt.

## Hinweis

Starken, erfahrenen Klettersteiggehern ist der Abstieg vom Piz Selva zurück über den Klettersteig zu empfehlen.

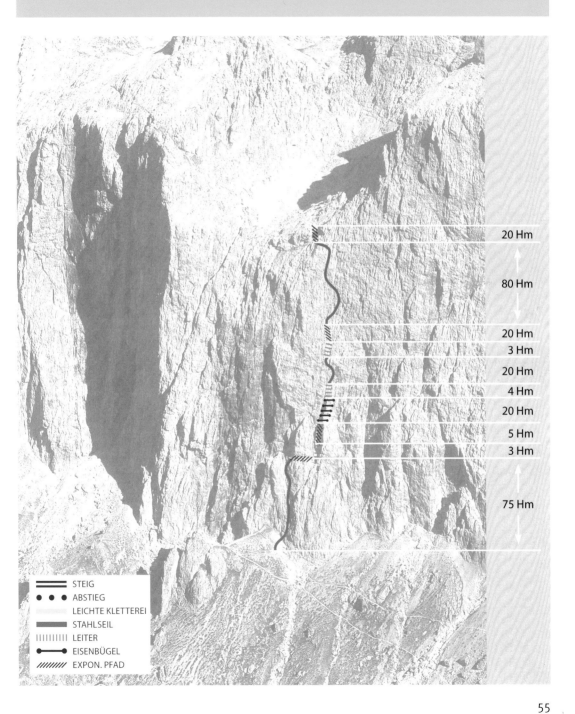

20 Hm

80 Hm

20 Hm
3 Hm
20 Hm
4 Hm
20 Hm
5 Hm
3 Hm

75 Hm

STEIG
ABSTIEG
LEICHTE KLETTEREI
STAHLSEIL
LEITER
EISENBÜGEL
EXPON. PFAD

## Via ferrata Sandro Pertini

| | |
|---|---|
| Schwierigkeit: | Ein paar steile Stellen verlangen den Einsatz von Armkraft, insgesamt aber griffiger Fels, sofern die notwendige Klettertechnik vorhanden ist. Zum Teil verläuft der Anstieg sehr exponiert. Nach Regen wird die ganze Sache recht rutschig, da man zwischen den Felspassagen immer wieder auf Erdreich trifft |
| Technische Details: | Bestens gesicherter Klettersteig, viele Steilpassagen durch künstliche Tritte (Eisenbügel und Stifte) entschärft. Teilweise recht ausgesetzter Anstieg, der einige leicht überhängende Stellen aufweist, die auch den Einsatz von Armkraft erfordern |
| Detailstrecken am Klettersteig: | 90 % Stahlseil, 2 % Leitern, 2 % Eisenbügel, 6 % Steig, ca. 4 m lange Leiternbrücke |
| Gesamter Aufstieg: | 700 Hm, 2–2¹/₄ Std. |
| Zustieg: | 120 Hm, 20 Minuten |
| Klettersteig: | 420 Hm, 1¹/₂ Std. |
| Ausstieg – Stevia-Hütte: | 160 Hm, 20 Minuten |
| Abstieg: | Vom Ausstieg auf Steigspuren über die Grashänge zur Stevia-Hütte, 2312 m (Übernachtungsmöglichkeit). Dort links ab (Beschilderung) zur St.-Sylvester-Scharte und weiter über den Expressabstieg (Beschilderung). Das letzte Stück auf dem Kreuzweg zurück zum Parkplatz im Langental. 1¹/₂–2 Std. |
| Zeitbedarf insgesamt: | 4–4¹/₂ Std. |
| Kartenmaterial: | TABACCO, Blatt 05, Gröden – Seiseralm |

Schwierigkeitsgrad
★★★★

4-4½ Std. | 700 Hm | SO

Geisler
Le Odle

Stevia-Hütte
Rif. Stevia

# R12 Stevia-Hütte, 2312 m

| | |
|---|---|
| Anfahrt: | Durch das Grödner Tal bis nach Wolkenstein. Der Beschilderung folgend ins Langental (schmale Straße) |
| Ausgangspunkt: | Der Parkplatz am Ende der Straße ins Langental, 1610 m |
| Zugang: | Vom Parkplatz Richtung Kapelle, dann den oberen Weg (Fahrspur) benutzen. An den Beschilderungen immer links halten, um bei einem Steinmann wiederum links abzubiegen. Über einen steilen Pfad zum Einstieg |
| Ausrichtung: | Südost |
| Beste Jahreszeit: | Anfang Juni bis Mitte/Ende Oktober, je nach Wetter- und Schneelage auch schon früher oder länger möglich |

**Routen-Info**

Kurzer, einfacher Zustieg, bestens gesicherter, nicht besonders langer Klettersteig mit langem, zum Teil steilem Abstieg (gute Weganlage). Der Klettersteig kann je nach Wetter und Schnee schon recht früh im Jahr begangen werden, sollte aber generell an feuchten Tagen gemieden werden, da sich immer wieder sehr viel Erdreich zwischen den Felsabschnitten findet.

**Charakteristik**

Abwechslungsreicher, zum Teil sehr steiler und ausgesetzter Anstieg. Alle schwierigen Stellen durch Eisenbügel und Stifte entschärft. Perfekte Seilführung, kurze Abstände zwischen den Seilverankerungen, alles in allem ausgezeichnete Hardware!

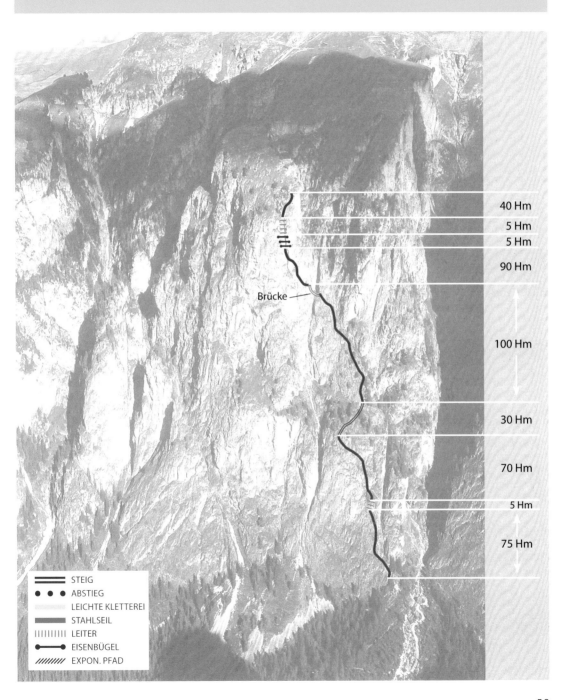

40 Hm

5 Hm

5 Hm

90 Hm

Brücke

100 Hm

30 Hm

70 Hm

5 Hm

75 Hm

STEIG
ABSTIEG
LEICHTE KLETTEREI
STAHLSEIL
LEITER
EISENBÜGEL
EXPON. PFAD

# R13 Pursteinwand, 1130 m

## Pursteinwand-Klettersteig

| | |
|---|---|
| Schwierigkeit: | Im oberen Teil extrem steiler und exponierter Anstieg, der sehr viel Armkraft erfordert. Im unteren Teil viel Reibungskletterei auf Platten mit kleinen Tritten. Gute Fußtechnik gefragt |
| Technische Details: | Nicht sehr langer Klettersteig mit kurzem Zustieg, bestens geeignet für den Frühsommer, Spätherbst oder für sonnige, schneefreie Wintertage. Extrem ausgesetzte, zum Teil überhängende Passagen, die oft nur am gespannten Stahlseil bewältigt werden können. Leider ist das Stahlseil, bzw. die Verankerungspunkte nicht immer im besten Zustand. Empfehlenswertes Halbtagesunternehmen für den Klettersteigprofi |
| Detailstrecken am Klettersteig: | 75 % Stahlseil, 20 % Eisenbügel, 5 % Leitern, einige Eisenstifte an trittarmen Stellen |
| Gesamter Aufstieg: | 270 Hm, 1–1½ Std. |
| Zustieg: | 70 Hm, 15 Minuten |
| Klettersteig: | 200 Hm, 1–1¼ Std. |
| Abstieg: | Vom Ausstieg Richtung Unterpursteinhof, um dann ein kurzes Stück über die Zufahrtsstraße abzusteigen. Beim ersten Wegschild (Wegnummer 27a) rechts ab und über diesen Weg zurück nach Sand in Taufers. Durch die Ortschaft weiter zum Ausgangspunkt in Taufers ½–¾ Std. |
| Zeitbedarf insgesamt: | 1½–2 Std. |
| Kartenmaterial: | TABACCO, Blatt 036, Sand in Taufers |

Schwierigkeitsgrad
★★★★★

Zillertaler Alpen
Alpe Aurine

Unterpursteinhof

Sand in Taufers
Campo Tures

P

Taufers
Tures

# R 13 Pursteinwand, 1130 m

| | |
|---|---|
| Anfahrt: | Durch das Pustertal bis nach Bruneck, um dort ins Ahrntal abzuzweigen. In die Ortschaft Taufers (kurz vor Sand in Taufers) bis zum Ortsende Nord (links kleiner Gewerbepark), Parkmöglichkeit links beim letzten Gebäude |
| Ausgangspunkt: | Die Ortschaft Taufers, Parkplatz Ortsende Nord, 860 m |
| Zugang: | Die Pursteinwand liegt direkt oberhalb des Parkplatzes. Auf gutem, fast ebenem Weg unter der Wand hindurch bis rechts ein Steig abzweigt, der zu den Kletterrouten an der Pursteinwand führt. Beim Schild „Achtung Steinschlag" nicht auf dem Steig weiter gehen, sondern rechts ab, über Geröll und Steigspuren zum Einstieg |
| Ausrichtung: | Südost |
| Beste Jahreszeit: | Das ganze Jahr über möglich, schneefreie Winter und sonnige Tage vorausgesetzt. Im Sommer früh oder spät am Nachmittag, ansonsten sehr heiß |

**Routen-Info**

Kurze, sehr empfehlenswerte und abwechslungsreiche Tour, die sich bestens als Halbtagesunternehmen eignet. Bei entsprechender Wartung des Anstieges könnte dieser Klettersteig die perfekte Alternative bei unbeständigem Wetter werden. Der Anstieg kann auch an schönen, schneefreien Wintertagen geklettert werden.

**Charakteristik**

Äußerst interessanter Anstieg, der auf kurzer Strecke alles bietet, was das „Klettersteigerherz" begehrt. Der obere Teil der Route ist äußerst exponiert und zugleich auch kraftraubend angelegt. Selbst der Einstieg in die letzte Leiter ist leicht überhängend. Kurze Teilstrecken sind etwas brüchig; auf loses Gestein ist zu achten. Die glatte Plattenkletterei im unteren Teil verlangt gute Tritttechnik!

Der Klettersteig könnte in kürzester Zeit ein Hit werden, sollte sich jemand in der „Tourismusumgebung" dazu aufraffen diese Route ordentlich zu sanieren!

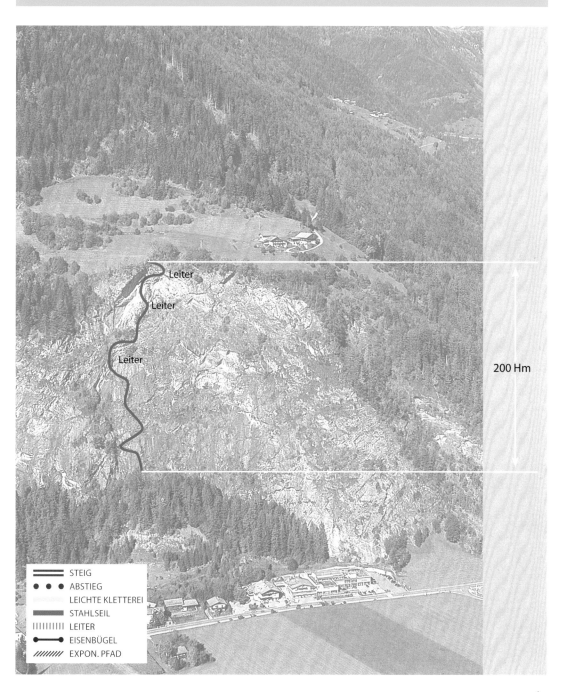

Leiter

Leiter

Leiter

200 Hm

STEIG
• • • ABSTIEG
LEICHTE KLETTEREI
STAHLSEIL
IIIIIIIIII LEITER
•——• EISENBÜGEL
/////// EXPON. PFAD

## R14 Südliche Fanisspitze, 2980 m

### Via ferrata Tomaselli

| | |
|---|---|
| Schwierigkeit: | Steile, ausgesetzte und schwierige Stelle am Einstieg (Armkraft) und nochmals im zweiten Teil des Anstieges, exponierter Ausstieg. Gute Tritttechnik, sowie auf den ungesicherten Passagen Trittsicherheit erforderlich |
| Technische Details: | Relativ langer Zu- und Abstieg, mäßig langer, aber zum Teil recht steiler Klettersteig, der nur mit Stahlseil gesichert ist. Neues, dickes Stahlseil, bestens verankert und in kurzen Abständen zwischen den Fixpunkten verankert. Der Abstieg bis in die Forcella Fanes ist ebenfalls ein gut gesicherter, teilweise aber recht steiler Klettersteig, der nicht zu unterschätzen ist |
| Detailstrecken am Klettersteig: | 85 % Stahlseil, 15 % exponierter Pfad |
| Gesamter Aufstieg: | 570 Hm, 2$^1$/$_2$–3 Std. |
| Zustieg: | 250 Hm Abstieg und 200 Hm Aufstieg, 1$^1$/$_4$– 1$^1$/$_2$ Std. |
| Klettersteig: | 320 Hm, 1–1$^1$/$_2$ Std. |
| Abstieg: | Vom Gipfel über den gut gesicherten Klettersteig hinunter in die Selletta Fanis und südseitig über einen Weg und Steigspuren zurück zum Biwak. Abstieg wiederum über Weg 20b bis zur Forcella Travenanzes und von dort hinunter zum Falzarego-Pass (Beschilderung) 870 Hm, 2 Std. |
| Zeitbedarf insgesamt: | 5–5$^1$/$_2$ Std. |
| Kartenmaterial: | TABACCO, Blatt 03, Cortina d'Ampezzo |

Schwierigkeitsgrad
★★★★

Südliche Fanisspitze
Cima Sud Fanis

Tofana di Roces

Bivacco della Chiesa

# R 14 Südliche Fanisspitze, 2980 m

| | |
|---|---|
| Anfahrt: | Von St. Kassian im Gadertal, Cortina d'Ampezzo oder über Livinallongo (Buchenstein) zum Falzarego-Pass, 2105 m. Großer Parkplatz an der Talstation der Seilbahn zum Lagazuoi |
| Ausgangspunkt: | Bergstation der Lagazuoi-Seilbahn, 2752 m (Bahnbetrieb vom 3.6. bis 06.11. / 9.00–17.00 Uhr, www.dolomiti.org ), Übernachtungsmöglichkeit im Rifugio Lagazuoi, direkt neben der Seilbahnstation (www.dolomiti.org/ger/Cortina/newlaga/ospitalita/rifLagazuoi) |
| Zugang: | Von der Bergstation (Wegschild Ferrata Tomaselli) abwärts in die Forcella Lagazuoi (Klettersteig wiederum beschildert). Zuerst über Weg Nr. 20 bis zur nächsten Weggabelung (Beschilderung Klettersteig) und über Weg 20b zum Bivacco della Chiesa kurz unterhalb des Einstieges |
| Ausrichtung: | West, Südwest |
| Beste Jahreszeit: | Mitte Juni bis Ende September |

## Routen-Info

Nicht allzu langer Klettersteig mit relativ langem Zu- bzw. Abstieg. Steigt man direkt vom Falzarego-Pass auf, verlängert sich die Tour um eine gute Stunde. Ausgezeichnet gesicherter Klettersteig, neues Stahlseil mit kurzen Abständen zwischen den Sicherungspunkten. Kurze, ungesicherte Wegstrecken verlangen Trittsicherheit. Die Route verläuft zum Teil recht steil im festen Fels. Griffe und Tritte erleichtern den Anstieg, verlangen jedoch gute Klettertechnik. Abstieg über die Ostseite ebenfalls bestens gesichert, aber steil und nicht zu unterschätzen!

## Charakteristik

Einige steile Stellen, vor allem die Schlüsselstelle kurz oberhalb des Einstieges, verlangen Armkraft. Schöne und ausgesetzte Kletterei kurz unterhalb des Ausstieges. Kompakte Route, die insgesamt weniger furchterregend ist wie sie immer beschrieben wird. Gute Kondition, solide Bergerfahrung, Trittsicherheit und gute Fußtechnik sind Voraussetzung. Bei unsicherem Wetter (Gewitterneigung) ist von einer Begehung auf alle Fälle abzuraten.

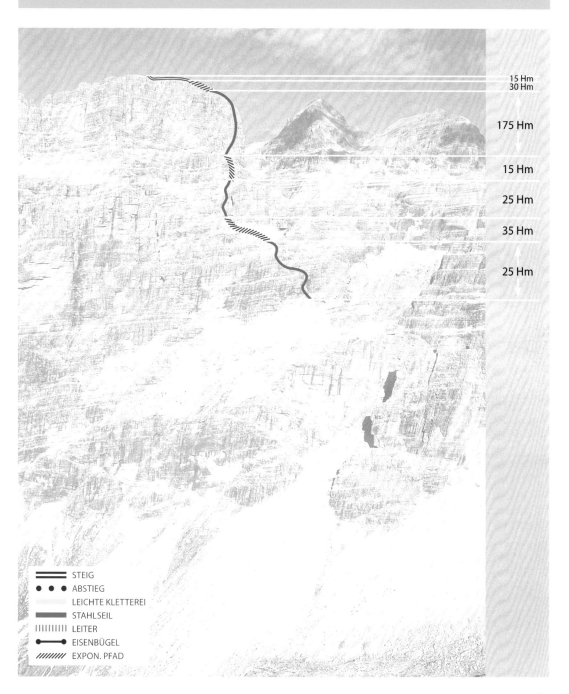

15 Hm
30 Hm

175 Hm

15 Hm

25 Hm

35 Hm

25 Hm

STEIG
ABSTIEG
LEICHTE KLETTEREI
STAHLSEIL
LEITER
EISENBÜGEL
EXPON. PFAD

# R15 Punta Anna, 2731 m

## Doss de Tofana, 2840 m – Via ferrata Giuseppe Olivieri

| | |
|---|---|
| Schwierigkeit: | Sehr ausgesetzte Kletterei, die an einigen Stellen auch Armkraft erfordert. Der Verbindungsgrat von der Punta Anna bis zum Beginn des Stahlseiles, das zum Doss de Tofana führt, verlangt absolute Trittsicherheit |
| Technische Details: | Bequemer und kurzer Zustieg. Gut, aber nur mit Stahlseil gesicherter Klettersteig, keine künstliche Tritthilfen an den steilen Stellen. Kurze Abstände zwischen den einzelnen Fixpunkten |
| Detailstrecken am Klettersteig: | 98 % Stahlseil, 2 % exponierter Pfad |
| Weiterweg Punta Anna – Doss de Tofana: | 65 % Stahlseil, 35 % exponierter Pfad |
| Gesamter Aufstieg: | 537 Hm, 2–2¹/₂ Std. |
| Zustieg: | 137 Hm, ¹/₂ Std. |
| Klettersteig: | 300 Hm, 1–1¹/₂ Std. |
| Punta Anna – Doss de Tofana: | 100 Hm, ¹/₂ Std. |
| Abstieg: | Am Doss de Tofana teilen sich die Wege (Markierung Ra Valles oder „Cima" – Tofana di Mezzo). Der Abstieg erfolgt Richtung Seilbahn-Mittelstation Ra Valles bis zur Abzweigung des gesicherten Steiges Sentiero Olivieri (Hinweis). Über den Steig (Drahtseile und Leitern) zurück zum Rifugio Pomedes, 1¹/₂ Std. |
| Zeitbedarf insgesamt: | 3¹/₂–4 Std. |
| Kartenmaterial: | TABACCO, Blatt 03, Cortina d'Ampezzo |

Schwierigkeitsgrad
★★★★

Tofana di Mezzo

Punta Anna

Doss de Tofana

Bergstation Sessellift
Staz. a monte seggiovia

Rif. Duca d'Aosta

| | |
|---|---|
| Anfahrt: | Vom Falzarego-Pass Richtung Cortina, vorbei an der Straße zu den Cinque Torri (rechter Hand). Weiter bis links ein schmaler, asphaltierter Waldweg abzweigt (Beschilderung Rifugio Duca d'Aosta). Bei der nächsten Abzweigung rechts auf eine Schotterstraße abbiegen (Beschilderung Rifugio Duca d'Aosta). Sowohl die Teerstraße als auch die Schotterstraße sind mit „normalen" Fahrzeugen (nicht mit Sportautos) befahrbar, befinden sich aber in denkbar schlechtem Zustand |
| Alternative: | Auf der Hauptstraße Richtung Cortina bis nach Lacedel, wo links eine gute Straße abzweigt (Seilbahnstation Col Druscie, Ristorante Pietofana). Bis zur Talstation des Sesselliftes zur Duca-d'Aosta-Hütte und Auffahrt mit demselben |
| Ausgangspunkt: | Rifugio Pomedes, 2303 m. Auffahrt mit dem Sessellift vom Rifugio Duca d'Aosta (Bahnbetrieb vom 15.7. bis 17.9. – www.dolomiti.org). Übernachtungsmöglichkeit auf beiden Schutzhütten |
| Zugang: | Von der Sessellift-Bergstation (Hinweisschild) über einen steilen Steig zum Einstieg des vom Lift aus einsehbaren Klettersteiges |
| Ausrichtung: | Süd |
| Beste Jahreszeit: | Anfang Juli bis Mitte/Ende September |

### Routen-Info

Interessanter und sehr direkter Aufstieg in bestem Fels. Immer gute Tritte und Griffe vorhanden. Klettererfahrung erleichtert den Anstieg! Kurzer Zustieg, dafür verlangt der Abstieg über den gesicherten Sentiero Olivieri nochmals Aufmerksamkeit und Konzentration.
Der Gratübergang vom Gipfel der Punta Anna setzt absolute Trittsicherheit voraus.

### Charakteristik

Schöne und zum Teil sehr ausgesetzte Kletterei in bestem Fels.

### Hinweis

Anstatt zum Doss de Tofana (der kein Gipfel, sondern eine Gratschulter an der Ostseite der Pomedes-Türme ist) aufzusteigen, besteht die Möglichkeit nach dem Gratübergang von der Punta Anna zum Rifugio Giussani abzusteigen (Hinweis, Drahtseile).

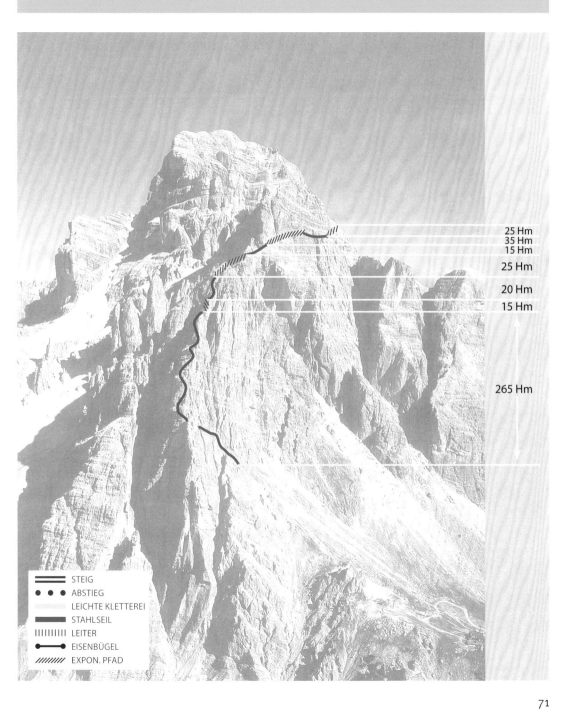

25 Hm
35 Hm
15 Hm
25 Hm
20 Hm
15 Hm

265 Hm

≡≡≡ STEIG
● ● ● ABSTIEG
▨▨▨ LEICHTE KLETTEREI
▬▬▬ STAHLSEIL
||||||||| LEITER
●━━━● EISENBÜGEL
/////// EXPON. PFAD

## R16 Tofana di Mezzo, 3244 m

### Via ferrata Gianni Aglio

| | |
|---|---|
| Schwierigkeit: | Langer und sehr alpiner Anstieg mit zwei äußerst schwierigen Passagen. Ungemein exponierte Querung am Torre Gianni Aglio. Bei Neuschnee und Nebel Orientierung zum Teil sehr schwierig |
| Technische Details: | Streckenmäßig langer Klettersteig, der besonders im zweiten Teil sehr viel, zum Teil auch exponiertes Gehgelände aufweist. Die Stahlseile sind nicht immer im besten Zustand und oft gibt es lange Abstände zwischen den einzelnen Fixpunkten, wie z. B. an der schwierigen Stelle am Torre Gianni Aglio |
| Detailstrecken am Klettersteig: | 45 % Stahlseil, 5 % Leitern, 20 % exponierter Pfad, 30 % Steig |
| Gesamter Aufstieg: | 830 Hm Aufstieg, 3½–3¾ Std. |
| Zustieg: | 450 Hm, 1½–1¾ Std. |
| Klettersteig: | 380 Hm Aufstieg, 50 Hm Abstieg, 1½–2 Std. |
| Tofana di Mezzo–Bergstation Seilbahn: 50 Hm, 10 Minuten | |
| Abstieg: | Abfahrt mit der Seilbahn |
| Zeitbedarf insgesamt: | 3½–4 Std. |
| Kartenmaterial: | TABACCO, Blatt 03, Cortina d'Ampezzo |

Schwierigkeitsgrad
★★★★★

Marmolata
Marmolada

Tofana di Roces

Tofana di Mezzo

Bergstation Seilbahn
Staz. a monte funivia

Rif. Ra Valles

Mittelstation Ra Valles
Staz. intermedia Ra Valles

# R16 Tofana di Mezzo, 3244 m

| | |
|---|---|
| Anfahrt: | Nach Cortina d'Ampezzo und zur Talstation der Seilbahn „Freccia nel Cielo" im Bereich des Eisstadions (Ortsteil Nord). Auffahrt mit der Seilbahn bis zur zweiten Zwischenstation „Ra Valles" (Bahnbetrieb vom 15.7. bis 10.9. – www.dolomiti.org) |
| Ausgangspunkt: | Rifugio (Restaurant) Ra Valles, 2470 m – zweite Zwischenstation (keine Übernachtungsmöglichkeit) |
| Zugang: | Von der Station (Hinweise) dem rot-weiß markierten Steig bis zur Abzweigung des Sentiero Olivieri folgen. Weiter in gleicher Richtung bis man an die Abzweigung zur Punta Anna gelangt (Hinweis). Über einen Steig (Hinweis Cima) am Geröllhang (rote Punkte) zum Grat und weiter zur ersten Leiter |
| Ausrichtung: | Süd und Ost |
| Beste Jahreszeit: | Anfang Juli bis Mitte September |

## Routen-Info

Langer Anstieg, der von sehr interessant bis äußerst langweilig alles bietet. Zwei sehr schwierige, exponierte Stellen, die sehr viel Armkraft erfordern, dann wieder Gehgelände inmitten einer Geisterwelt von alten Lawinenverbauungen. Sehr alpiner Anstieg, der bei Neu- oder Restschnee in Windeseile an Schwierigkeit zulegt! Trittsicherheit und solide alpine Erfahrung im Hochgebirge sind hier unabkömmlich!

## Charakteristik

Wer lange, alpine Aufstiege liebt, ist hier zu Hause! Hier findet der Bergsteiger ein Gemisch von schwierigen, exponierten Stellen und vom Gehgelände bis hin zur verbauten und verlotterten Berglandschaft so ziemlich alles, was er sich wünschen kann!

## Hinweis

Nach der luftigen Querung am Torre Gianni Aglio und einem einfachen Intermezzo folgt ein steiler, gesicherter Abstieg in die Scharte am Fuße des Südostgrates (Bus de Tofana). Von dieser Scharte kann bei guten Verhältnissen (keine Schnee- oder Eisauflage!) entweder zum Rifugio Giussani oder nach Ra Valles abgestiegen werden (mehr oder weniger weglos).
Der Weiterweg zur Tofana di Mezzo ist in der Scharte rot markiert (Punkte – Richtung Lawinenverbauung). Am Anfang kurz Stahlseil, dann deutliche Steigspur.

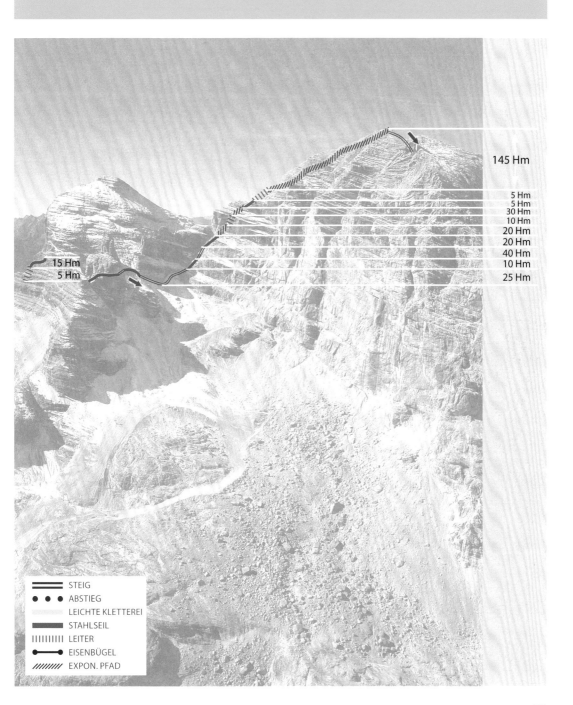

145 Hm

5 Hm
5 Hm
30 Hm
10 Hm
20 Hm
20 Hm
40 Hm
10 Hm
25 Hm

15 Hm
5 Hm

| | |
|---|---|
| ═══ | STEIG |
| ● ● ● | ABSTIEG |
| | LEICHTE KLETTEREI |
| ▬▬ | STAHLSEIL |
| ||||||||| | LEITER |
| ●━━● | EISENBÜGEL |
| ///// | EXPON. PFAD |

# R17　Col Rosà, 2166 m

## Via ferrata Ettore Bovero

| | |
|---|---|
| Schwierigkeit: | Freikletterstellen am Zustieg verlangen absolute Trittsicherheit. Am Klettersteig selbst gibt es ein paar sehr ausgesetzte Passagen. Der markierte Abstieg ist besonders im Gipfelbereich leicht zu verfehlen |
| Technische Details: | Verhältnismäßig kurzer Klettersteig mit einigen Steilpassagen in durchwegs gutem und griffigem Fels. Bis auf kurze Abschnitte ausschließlich Stahlseilsicherung, die jedoch ausreichend ist, da immer ausgezeichnete Tritte und Griffe vorhanden sind. Zum Teil recht ausgesetzte Wegführung direkt am Grat. Langer Zu- und Abstieg |
| Detailstrecken am Klettersteig: | 63 % Stahlseil, 5 % Eisenbügel, 2 % leichte Kletterei, 30 % Steig |
| Gesamter Aufstieg: | 883 Hm, 3–3¹/₂ Std. |
| Zustieg: | 623 Hm, 1¹/₂–2 Std. |
| Klettersteig: | 260 Hm, 1–1¹/₄ Std. |
| Abstieg: | Achtung am Gipfelplateau! Ein Einfädeln in den falschen Abstieg ist hier leicht möglich (nicht den Steigspuren Richtung Westen folgen!). Der Abstieg ist rot markiert (Nr. 447) und verläuft vom Gipfel in nördliche Richtung (am Start auf die Steinmänner achten!), 1¹/₂–2 Std. |
| Zeitbedarf insgesamt: | ca. 5 Std. |
| Kartenmaterial: | TABACCO, Blatt 03, Cortina d'Ampezzo |

Schwierigkeitsgrad

Col Rossa

# R 17 Col Rosà, 2166 m

| | |
|---|---|
| Anfahrt: | Von Toblach im Pustertal über die Strada d'Alemagna bis nach Fiames oder von Cortina d'Ampezzo kommend Richtung Toblach bis zum Camping Olympia (großes Hinweisschild) |
| Ausgangspunkt: | Camping Olympia, 1283 m ca. 4 km nördlich des Ortsausganges von Cortina oder von Toblach kommend knapp einen Kilometer nach dem Albergo Fiames rechter Hand. Begrenzte Parkmöglichkeit am Camping Eingang |
| Zugang: | Der Klettersteig ist direkt am Campingplatz ausgeschildert. Auf der Forststraße bis zur ersten Weggabelung, links ab (Beschilderung) und auf Weg Nr. 408 angenehm zum Passo Posporcora. Neuerlich Hinweistafel Klettersteig. Nun steil und zum Teil über Felsstufen (leichte Kletterei) zum Einstieg |
| Ausrichtung: | Süd |
| Beste Jahreszeit: | Mitte Juni bis Ende September, an Schönwettertagen ohne Niederschlag (Schnee) auch wesentlich länger möglich |

## Routen-Info

Langer, aber angenehmer Zustieg, der ab dem Passo Posporcora, 1711 m, steil und anspruchsvoll wird (kurze Kletterstellen im I. Grad). Der Abstieg ist ebenfalls sehr lang, zum Teil steil, auf dem Gipfelplateau ist auf die Steinmänner sowie auf die roten Markierungen zu achten (strikt die nördliche Richtung einhalten und nicht den Steigspuren nach Westen folgen!). Der Klettersteig selbst ist verhältnismäßig kurz, jedoch sehr schön zu begehen.

## Charakteristik

Abwechslungsreicher, in kurzen Teilstücken sehr steiler und auch ausgesetzter Anstieg in durchwegs gutem Fels. Unangenehm dünnes Stahlseil mit langen Abständen zwischen den einzelnen Verankerungspunkten. Zudem ist das Seil sehr oft recht locker gespannt. Eisenbügel entschärfen die letzen Steilstufen kurz unterhalb des Gipfels.

# R17 Col Rosà, 2166 m

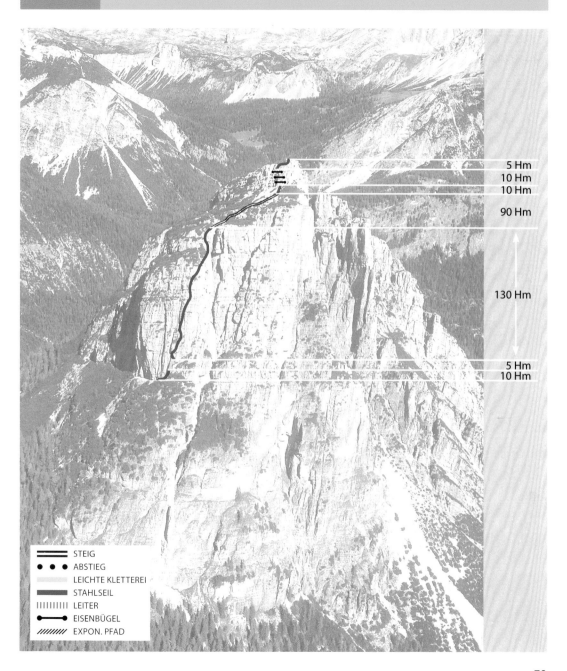

5 Hm
10 Hm
10 Hm
90 Hm
130 Hm
5 Hm
10 Hm

| | |
|---|---|
| ═══ | STEIG |
| ● ● ● | ABSTIEG |
| | LEICHTE KLETTEREI |
| ▬▬ | STAHLSEIL |
| ‖‖‖‖‖ | LEITER |
| ●━━● | EISENBÜGEL |
| ////// | EXPON. PFAD |

CHRISTJAN LADURNER

# KLETTER-STEIGE
## FÜR KÖNNER

- **SÜDTIROL**
- **DOLOMITEN**
- **GARDASEE**
- **LESSINISCHE BERGE**

**EXTRA: ANSTIEGE & ROUTEN-SKIZZEN IM LUFTBILD**

TAPPEINER.

145 Hm

5 Hm
5 Hm
30 Hm
10 Hm
20 Hm
20 Hm
40 Hm
10 Hm

25 Hm

15 Hm
5 Hm

STEIG
ABSTIEG
LEICHTE KLETTEREI
STAHLSEIL
LEITER
EISENBÜGEL
EXPON. PFAD

## Via ferrata Zandonella

| | |
|---|---|
| Schwierigkeit: | Steiler Klettersteig, der zum Teil über ein ungesichertes und sehr exponiertes Band führt. Der Abstieg über die Südostroute ist ebenfalls ein kompletter Klettersteig, der wiederum ein Band mit ungesicherten und sehr ausgesetzten Stellen aufweist |
| Technische Details: | Klettersteig mit durchwegs griffigem und festem Fels. Gut und straff verspanntes Stahlseil, allerdings gibt es auf den Bändern ungesicherte Abschnitte, die absolute Trittsicherheit verlangen. Einige Leitern entschärfen den Aufstieg |
| Detailstrecken am Klettersteig: | 70 % Stahlseil, 3 % Leitern, 15 % exponierter Pfad, 12 % Steig |
| Gesamter Aufstieg: | 1400 Hm Aufstieg, 4$^1$/$_2$–5 Std. |
| Zustieg: | 1070 Hm, 3–3$^1$/$_2$ Std. |
| Klettersteig: | 280 Hm, 1–1$^1$/$_2$ Std. |
| Abstieg: | Über den Ostgrat (Stahlseilsicherung hinab in den Karkessel, den sogenannten Circo est. Weiter abwärts über einen Steig bis rote Pfeile den Gegenanstieg (Stahlseilsicherung) markieren. Über das südseitige Band (ausgesetzt, nur teilweise gesichert, sehr exponiert!) erreicht man den kurzen, steilen Abstieg (Sicherungen) unweit des Einstieges zum Südanstieg. Über diesen zurück zum Rifugio Lunelli. 2$^1$/$_2$–3 Std. |
| Zeitbedarf insgesamt: | 7$^1$/$_2$–8 Std. |
| Kartenmaterial: | TABACCO, Blatt 10, Sextner Dolomiten |

Schwierigkeitsgrad
★★★★

7½-8 Std. | 1400 Hm | W+SW

Elfer/Cima Undici

Passo della Sentinella

Sextner Rotwand
Croda Rossa di Sesto

Rif. Berti

Rif. Lunelli

81

## R18 Sextner Rotwand, 2936 m

| | |
|---|---|
| Anfahrt: | Von Sexten über den Kreuzbergpass ins Val Padola (Staatsstraße 52) bis nach acht Kilometern ein Sträßchen abzweigt (Bagni di Valgrande). Auf diesem bis zum Rifugio Lunelli. Parkplatz |
| Ausgangspunkt: | Rifugio Lunelli, 1568 m |
| Zugang: | Vom Rifugio Lunelli auf Weg Nr. 101 in ca. 1 Stunde zum Rifugio Berti. Geöffnet von Mitte Juni bis Ende September, Übernachtungsmöglichkeit, www.rifugioberti.it |
| Ausrichtung: | West, Südwest |
| Beste Jahreszeit: | Ende Juni bis Mitte/Ende September |

### Routen-Info
Sehr lange Bergtour mit langem, mühseligem Zu- und Abstieg (steiles Schotterkar). Steiler und ausgesetzter Anstieg, der Bergerfahrung und absolut sicheres Steigen auf ungesicherten Passagen verlangt.

### Charakteristik
Interessanter und abwechslungsreicher Rundklettersteig, der die Überschreitung der Rotwand auf zwei steilen und anspruchsvollen Routen ermöglicht. Aufstieg über die Südwest- und Abstieg über die Südostroute. Ungesicherte, sehr exponierte Felsbänder verlangen absolute Trittsicherheit.

70 Hm

75 Hm

6 Hm

50 Hm

2 Hm

30 Hm

50 Hm

Abstieg

STEIG

ABSTIEG

LEICHTE KLETTEREI

STAHLSEIL

LEITER

EISENBÜGEL

EXPON. PFAD

# R19 Bivacco Fiamme Gialle, 3005 m

## Via ferrata Bolver-Lugli

| | |
|---|---|
| Schwierigkeit: | Langer ungesicherter Vorbau, exponiertes Gelände zum Teil im I. Schwierigkeitsgrat. Auf Strecken ausgesetzte Kletterei in durchwegs gutem und griffigem Fels |
| Technische Details: | Langer, mühseliger und exponierter Zustieg, der absolute Trittsicherheit im ungesicherten Steilgelände voraussetzt. Zudem ein langer Abstieg mit Gegenanstiegen. Gut gesicherter Aufstieg am straff gespannten Stahlseil mit kurzen Abständen zwischen den Fixpunkten |
| Detailstrecken am Klettersteig: | 95 % Stahlseil, 5 % exponierter Pfad |
| Gesamter Aufstieg: | 1040 Hm Aufstieg, 3³/₄–4¹/₂ Std. |
| Zustieg: | mit Vorbau 590 Hm, 1¹/₂–2 Std. |
| Klettersteig: | 400 Hm, 2–2¹/₂ Std. |
| Ausstieg – Bivacco Fiamme Gialle: | 50 Hm, 10 Minuten |
| Abstieg: | Vom Biwak quert man auf Steigspuren zum Passo del Travignolo. Kurz vor dem Pass hinunter ins Val dei Cantoni (ab Gipfel rote Farbmarkierung). Im unteren Teil des Abstieges leichte Kletterei im I. Schwierigkeitsgrad. Bei der ersten Weggabelung nach rechts ansteigen (Markierung Rifugio Rosetta) zum Passo Bettega. Vom Pass hinunter, dann der Beschilderung zum Rifugio folgen (neuerlich kurzer Gegenanstieg). Vom Rifugio Rosetta zur Bergstation der Seilbahn und mit dieser hinunter zum Sessellift Col Verde. 1³/₄–2 Std., 230 Hm im Gegenanstieg |
| Zeitbedarf insgesamt: | 7–7¹/₂ Std. |
| Kartenmaterial: | TABACCO, Blatt 022, Pale di San Martino |

Schwierigkeitsgrad
★★★

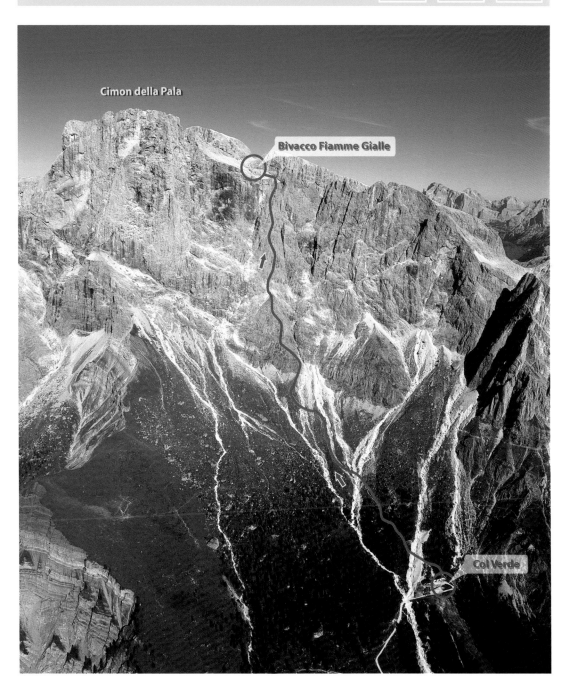

Cimon della Pala

Bivacco Fiamme Gialle

Col Verde

## R19 Bivacco Fiamme Gialle, 3005 m

| | |
|---|---|
| Anfahrt: | Von Norden über den Passo Rolle oder von Süden über Fiera di Primiero nach San Martino di Castrozza und zur Talstation der Col-Verde-Gondelbahn (am Nordrand der Ortschaft in einer Kehre gelegen); Parkplatz |
| Ausgangspunkt: | Bergstation der Col-Verde-Gondelbahn, 1965 m, (Bahnbetrieb von 17.6. bis 24.9. / 8.00–16.45, bzw. 17.45 Uhr, www.sanmartino.com) |
| Zugang: | Von der Bergstation (Wegschild Ferrata Bolver-Lugli) über den Steig mit der Markierung 706 teilweise steil ansteigend zum Einstieg |
| Ausrichtung: | Südwest |
| Beste Jahreszeit: | Ende Juni bis Ende September |

**Routen-Info**

Lange Bergtour mit Gegenanstiegen auf dem Abstieg. Der ungesicherte Vorbau sowie eine Steilstufe auf dem Abstieg im Val dei Cantoni verlangen absolute Trittsicherheit, wobei es Kletterstellen im I. Schwierigkeitsgrad zu meistern gilt. Der Klettersteig selbst verläuft in schöner, logischer Linie und auch sehr abwechslungsreich durch die Steilwand.

**Charakteristik**

Die Route bietet fast durchwegs festen und griffigen Fels, sodass das Stahlseil zum Großteil als reine Sicherung verwendet werden kann. Besonders im oberen Teil sehr steile und exponierte Kletterei. Gute Klettertechnik vereinfacht den Aufstieg entscheidend. Solide Bergerfahrung und beste Kondition sind für die Begehung dieses Klettersteiges mitzubringen. Vor allem die Gegenanstiege auf dem Rückweg verlangen nochmals Ausdauer. Achtung im Frühsommer nach strengen Wintern: steile Firnhänge im Val dei Cantoni. Eventuell Steigeisen mitnehmen.

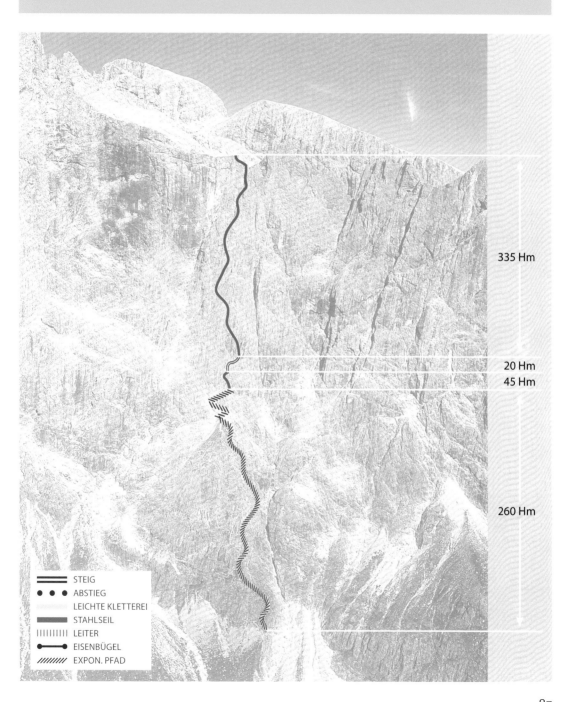

335 Hm

20 Hm
45 Hm

260 Hm

STEIG
ABSTIEG
LEICHTE KLETTEREI
STAHLSEIL
LEITER
EISENBÜGEL
EXPON. PFAD

# R20 Punta della Disperazione, 1730 m

## Via ferrata del Canalone

| | |
|---|---|
| Schwierigkeit: | Kurzer, aber ungemein steiler und äußerst ausgesetzter Anstieg direkt an der Kante. Armkraft ist gefragt |
| Technische Details: | Gemütlicher und nicht besonders langer Zustieg, je nach Wahl ein „Miniabstieg", der Klettersteig selbst extrem steil, wobei die Schlüsselstellen durch Eisenbügel und Tritthilfen entschärft sind. Leider ist der Spaß auch gleich wieder zu Ende. Übungsklettersteig, der gut in ein Halbtagesunternehmen oder einen wettermäßig stabilen Sommernachmittag passt |
| Detailstrecken am Klettersteig: | 95 % Stahlseil, 5 % Eisenbügel |
| Gesamter Aufstieg: | 430 Hm, 1½–2 Std. |
| Zustieg: | 360 Hm, 1 ½–2 Std. |
| Klettersteig: | 70 Hm, ½ Std. |
| Abstieg: | Beim Ausstieg nach links über ein gut sichtbares Stahlseil hinunter in das Bachbett und weiter entlang von Sicherungen zurück zum Einstieg (15 Minuten). Zurück zum Ausgangspunkt in 1 Std.<br>Oder weiter über den Steig durch das Latschenfeld, danach noch ungefähr 130 Hm (zuzüglich ½ Std.) ansteigen bis sich der Pfad mit dem Weg 720 trifft. Über diesen zurück zum Rifugio Treviso und zurück zum Ausgangspunkt. 1½ Std. |
| Zeitbedarf insgesamt: | 2½–3 Std. |
| Kartenmaterial: | TABACCO, Blatt 022, Pale di San Martino |

Schwierigkeitsgrad
★★★★★

Rif. Treviso

| | |
|---|---|
| Anfahrt: | Von Fiera di Primiero über die Cereda Passstraße nach Cant de Gal im Valle dei Canali. Dort rechts ab und weiter zur Malga Canali (begrenzter öffentlicher Parkplatz) |
| Ausgangspunkt: | Malga Canali, 1305 m |
| Zugang: | Von der Alm auf einer Schotterstraße Tal einwärts (Weg 711 – 707), den Bach überqueren und in Kehren steil zum Rifugio Treviso, 1631 m, ansteigen (mehrere Wegschilder – Weg 707) |
| Ausrichtung: | West |
| Beste Jahreszeit: | Ende Juni bis Ende September, je nach Witterung auch länger möglich |

**Routen-Info**

Kurze Bergtour, die bei entsprechender Kondition gut als Halbtagesunternehmen oder Abstecher von der nahen Hütte gemacht werden kann. Wegen der Hüttennähe und unkomplizierten Wegführung recht gut als „Test" für den Weiterweg in die Welt der längeren und steilen Klettersteige geeignet.

**Charakteristik**

Sehr steile und ausgesetzte Kletterei direkt an der scharfen Felskante. Guter und griffiger Fels in den Steilpassagen erleichtert bei entsprechender Klettertechnik das Steigen. Im Mittelteil kleiner Absatz mit losem Gestein; Achtung auf die nachfolgenden Bergsteiger. Das Stahlseil ist zwar gut gespannt, zwischen den einzelnen Verankerungspunkten aber nicht fixiert. Lässt der Vordermann los, so „entspannt" sich das Seil plötzlich für den Nachkletternden; nicht immer ein unbedingt gutes Gefühl!

70 Hm

STEIG
ABSTIEG
LEICHTE KLETTEREI
STAHLSEIL
LEITER
EISENBÜGEL
EXPON. PFAD

# R21 Monte Agnèr, 2872 m

## Via ferrata Stella Alpina

| | |
|---|---|
| Schwierigkeit: | Sehr steiler und ausgesetzter, nur mit Stahlseil gesicherter Klettersteig. Konstante Schwierigkeit! Der Weiterweg vom Ausstieg bis zur Biwakschachtel erfordert absolute Trittsicherheit. Sehr lange, ernst zu nehmende Bergtour, geübten Bergsteigern mit Erfahrung auf langen, ungesicherten Teilstrecken vorbehalten |
| Technische Details: | Auf einen relativ kurzen Zustieg folgt eine sehr lange und anspruchsvolle Bergtour. Der Klettersteig selbst, der gut mit Stahlseil und einigen wenigen Tritthilfen gesichert ist, macht nur einen Bruchteil des Aufstieges aus. Sowohl im Auf- als auch im Abstieg größtenteils ungesichertes Gelände auf steilen Felsplatten. Geröll und leichte Freikletterstellen verlangen andauernde Konzentration |
| Detailstrecken am Klettersteig: | 75 % Stahlseil, 10 % exponierter Pfad, 15 % Steig |
| Gesamter Aufstieg: | 1168 Hm Aufstieg, 4¹/₂–5 Std. |
| Zustieg: | 245 Hm, ³/₄–1 Std. |
| Klettersteig: | 320 Hm, 1¹/₂ Std. |
| Ausstieg Klettersteig – Bivacco Biasin: | 380 Hm, 1¹/₄– 1¹/₂ Std. |
| Bivacco Biasi – Gipfel: | 220 Hm, 1 Std. |
| Abstieg: | Vom Gipfel über den Aufstiegsweg zurück zur Biwakschachtel. An der Biwakschachtel verblasster Hinweis mit Pfeil „Rifugio". Den roten Markierungen abwärts folgen, bis man auf die Abzweigung zum Normalweg (gute Markierung in gelb; Hinweis via normale) trifft. Der Normalweg ist zwar länger, ist aber der Via del Nevaio (gerade hinunter; rote Markierung, einige Passagen mit Stahlseil gesichert) vorzuziehen. Die Via del Nevaio ist steinschlaggefährdet, im Frühsommer können sich Altschneereste halten, die einen Abstieg ohne Steigeisen, Pickel unmöglich machen. Vom Ende des Normalweges Gegenanstieg zurück zum Rifugio Scarpa. Abstieg vom Gipfel bis zum Rifugio 3 Std. |
| Zeitbedarf insgesamt: | 7¹/₂–8 Std. |
| Kartenmaterial: | TABACCO, Blatt 022, Pale di San Martino |

Schwierigkeitsgrad

# R21 Monte Agnèr, 2872 m

| | |
|---|---|
| Anfahrt: | Von Agordo im Val Cordevole über Voltago Agordini oder von Fiera di Primiero im Val Cismon nach Frassenè (auf der Passstraße zwischen Agordo und Fiera di Primiero gelegen). Parkplatz an der Sessellift-Talstation in der Ortsmitte |
| Ausgangspunkt: | Rifugio Scarpa, 1742 m, geöffnet von Ende Juni bis Mitte September, Übernachtungsmöglichkeit (www.caiagordo.it/RIFUGIOSCARPA.htm). Auffahrt zur Schutzhütte mit dem Sessellift von der Ortschaft Frassenè. Betriebszeiten unter www.seggioviafrassene.com |
| Zugang: | Von der Bergstation des Sesselliftes, 1704 m, hinauf zur Hütte. Wegweiser ferrata Stella Alpina. Der Zustieg bis zum ersten Stahlseil ist gut markiert, die Abzweigungen sind ausgeschildert |
| Ausrichtung: | Südost |
| Beste Jahreszeit: | Ende Juni bis Ende September |

## Routen-Info

Lange Bergtour mit sehr viel ungesichertem Gelände, in dem auch leichte Kletterstellen bis zum II. Schwierigkeitsgrad vorkommen. Vom Ausstieg des Klettersteiges bis zur Biwakschachtel lange Querung, zum Teil über glatte, geröllübersäte Platten. Nur kurze Teilstücke sind mit Stahlseil gesichert. Der Aufstieg zum Gipfel ist ebenfalls nur zum Teil mit Stahlseilen gesichert. Kurze Freikletterstellen, ansonsten sehr exponiertes Gelände. Der Weiterweg vom Biwak zum Gipfel verläuft durch die Nordwestflanke des Monte Agnèr. Start direkt hinter der Biwakschachtel (verblasster, roter Hinweis). Der Abstieg bis zur Biwakschachtel ist wiederum kein einfaches Unterfangen, denn er führt zurück über den Aufstiegsweg.

## Charakteristik

Sehr ernst zu nehmende Bergtour, auf der ein sehr steiler und schwieriger Klettersteig nur einen Bruchteil der Strecke ausmacht. Am Klettersteig sind Armkraft, gute Fuß- und Spreiztechnik angesagt. Der restliche Auf- sowie der Abstieg verlangen hundert Prozent sicheres Steigen! Die zum Teil glatten Felsplatten sind zudem oft geröllbedeckt! Bei nassem Fels oder Schnee ist von dieser Bergtour unbedingt abzuraten. Stabiles Wetter ist ein Muss! Orientierung bei Nebel schwierig; Markierungen zum Teil verblasst. Die Biwakschachtel ist immer geöffnet und kann als Notunterkunft verwendet werden.

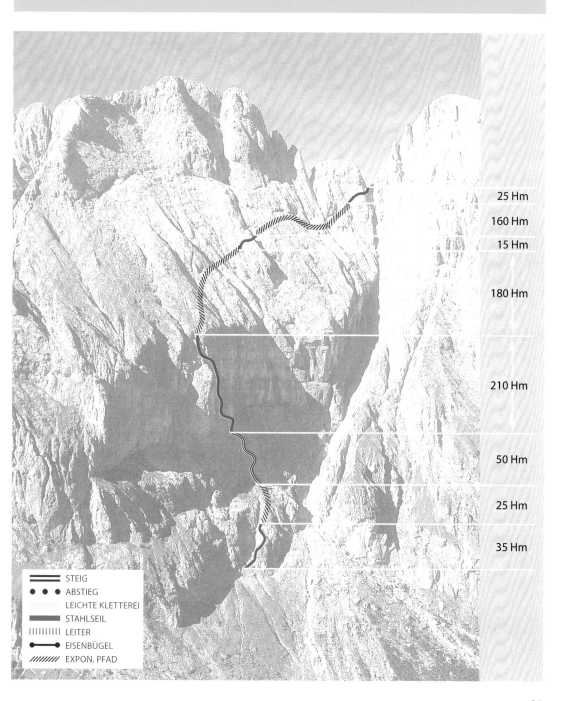

25 Hm

160 Hm

15 Hm

180 Hm

210 Hm

50 Hm

25 Hm

35 Hm

| | STEIG |
| | ABSTIEG |
| | LEICHTE KLETTEREI |
| | STAHLSEIL |
| | LEITER |
| | EISENBÜGEL |
| | EXPON. PFAD |

# R22 La Palazza Alta, 2255 m

## Via ferrata Fiamme Gialle

| | |
|---|---|
| Schwierigkeit: | Sehr langer nur mit Stahlseil gesicherter Klettersteig, dessen Steilaufschwünge einige Male von Latschengelände unterbrochen werden. Steiler und langer Abstieg, der absolute Trittsicherheit verlangt |
| Technische Details: | Langer Zustieg, langer Klettersteig und langer Abstieg! Bestens gesicherter Aufstieg am straff gespannten Stahlseil mit kurzen Abständen zwischen den Fixpunkten. Drei Latschengürtel (Gehgelände) unterbrechen die Steilstufen, wobei der erste Latschengürtel gut und gerne 200 Hm aufweist |
| Detailstrecken am Klettersteig: | 65 % Stahlseil, 35 % Steig |
| Gesamter Aufstieg: | 1285 Hm Aufstieg, 4–4¹/₂ Std. |
| Zustieg: | 470 Hm, 1¹/₂ Std. |
| Klettersteig: | 815 Hm, 2¹/₂ Std. |
| Abstieg: | Vom Gipfel (rote Farbpunkte) nördlich bis in den ersten Sattel zu den Wegschildern (Rif. Vazzoler & I Sec) absteigen. Dem Hinweisschild I Sec folgen. Im kurzen Gegenanstieg durch ein Latschenfeld bis in die Scharte zwischen Palazza Alta und Mont Alt de Pelsa (Steinmann). Der Markierung (562) westseitig (steile Rinne) folgen. Nach kurzem Gegenanstieg erreicht man nochmals eine Weggabelung (Wegschilder). Links abklettern und immer auf dem Abstieg Nr. 562 bleiben. Dieser Abstieg verlangt absolute Trittsicherheit, ist bis auf wenige Stellen ungesichert und wird im unteren Teil (Latschenfelder) äußerst steil. Es gilt zudem kurze Kletterstellen (I. u. II. Grad) zu meistern. Wo der Abstieg auf den Zustiegsweg zum Klettersteig trifft (Wegschilder) nach links weiter und so zurück zum Ausgangspunkt nach Bastiani. 2¹/₂–3 Std. |
| Zeitbedarf insgesamt: | 6¹/₂–7¹/₂ Std. |
| Kartenmaterial: | TABACCO, Blatt 015, Marmolada – Pelmo, Civetta – Moiazza |

Schwierigkeitsgrad
★ ★ ★ ★

# R22  La Palazza Alta, 2255 m

| | |
|---|---|
| Anfahrt: | Von Norden über Caprile, von Westen über den Passo San Pellegrino oder von Süden über Agordo im Val Cordevole nach Cencenighe. Am nördlichen Ortsende liegt die beschilderte Abzweigung nach Bastiani. Über eine schmale Asphaltstraße bis nach Bastiani (Ende der Straße – nur sehr kleiner Parkplatz!) |
| Ausgangspunkt: | Der Weiler Bastiani, 971 m, Hinweis und Wegschild „ferrata Fiamme Gialle" |
| Zugang: | Vom Weiler über den steilen Wirtschaftsweg ansteigen, weiter auf dem Schotterweg bis man auf das Wegschild zum Klettersteig trifft (Markierung 562 ). Steil hinauf bis man auf den Abstiegsweg von der Palazza trifft (Wegschilder mit Markierungsnummern). Links haltend auf der 562 unter der Wand hindurch zum Einstieg (auf die roten Farbmarkierungen achten!) |
| Ausrichtung: | West |
| Beste Jahreszeit: | Mitte/Ende Juni bis Ende September, an Schönwettertagen ohne Niederschlag auch länger möglich |

## Routen-Info

Lange, anspruchsvolle Bergtour mit steilem Zu- und äußerst steilem Abstieg. Der Abstieg ist bis auf wenige kurze Abschnitte ungesichert und verlangt absolute Trittsicherheit. Besonders der erste Latschengürtel ist nach dem steilen Auftakt im griffigen Fels ein recht ödes „Ereignis". Unter dem Gipfel, nach dem dritten Latschengürtel gibt es dann zwei Möglichkeiten den höchsten Punkt zu erreichen. Über die direkte, sehr exponierte und schwierige Gipfelvariante (Wegschild difficile) oder über die einfachere Ausstiegsrinne (Wegschild salita facile).

## Charakteristik

Die Route bietet durchwegs festen und griffigen Fels. Das gut verankerte Stahlseil kann zum Großteil als reine Sicherung verwendet werden. Einige sehr steile und glatte Stellen verlangen jedoch den Einsatz von Armkraft. Der Anstieg ist (bis auf die Latschengürtel!) interessant und abwechslungsreich, die Schwierigkeiten konstant. Der direkte Ausstieg ist nochmals ein Erlebnis. Steil und exponiert, in bestem Fels!

## Hinweis

Wer den äußerst steilen Abstieg vermeiden möchte, kann Richtung Rifugio Vazzoler absteigen (Mark. 562 – Wegschild), um dann auf den Wegen Nr. 560 und 567 den Mont Alt de Pelsa zu umrunden. Abstieg zum Weiler Collaz und Gegenaufstieg nach Bastiani. Ca. 4 Std.

55 Hm

45 Hm

300 Hm

30 Hm

65 Hm

200 Hm

120 Hm

STEIG
● ● ● ABSTIEG
LEICHTE KLETTEREI
STAHLSEIL
|||||||||| LEITER
●━━● EISENBÜGEL
//////// EXPON. PFAD

# R23 Cima Moiazza Sud, 2878 m

## Via ferrata Gianni Costantini

| | |
|---|---|
| Schwierigkeit: | Höhenmeter- und streckenmäßig ungemein langer Klettersteig mit sehr langem Abstieg. Einige ausgesprochen kraftraubende Stellen im Mittelteil des Anstieges. Absolute Trittsicherheit im Abstieg erforderlich. Extrem gute alpine Erfahrung, ausgezeichnete Kondition und bestes Wetter sind Grundvoraussetzungen für diese Bergtour |
| Technische Details: | Ausgesprochen alpiner Klettersteig mit einigen Stellen, die Armkraft und sehr gute Tritttechnik verlangen. Der größte Teil des Anstieges ist mit ausgezeichnet verspanntem und gut gewartetem Stahlseil gesichert. Der lange Abstieg verlangt absolute Trittsicherheit, da er nur teilweise gesichert ist |
| Detailstrecken am Klettersteig: | 45 % Stahlseil, 10% leichte Kletterei, 25 % exponierter Pfad, 20 % Steig |
| Gesamter Aufstieg: | 1400 Hm, 6–7 Std. |
| Zustieg: | 260 Hm, 1 Std. |
| Klettersteig: | 1140 Hm Aufstieg, 125 Hm Abstieg, 5–6 Std. |
| Abstieg: | Von der Cima Moiazza Sud auf demselben Weg zurück zum Sattel, dann der Markierung folgend über die Cengia Angelini und hinunter zur Biwakschachtel (Bivacco Ghedini) in der Forcella delle Nevere. Vom Sattel zum Teil am Stahlseil, zum Teil recht schotterig und ohne Sicherungen absteigen, bis man auf den Weg Nr. 554 trifft. Über diesen mit ca. 50 Hm Gegenanstieg zurück zum Rifugio Carestiato und weiter zum Passo Duran. 2 1/2–3 1/2 Stunden |
| Zeitbedarf insgesamt: | 9–10 Std. |
| Kartenmaterial: | TABACCO, Blatt 015, Marmolada – Pelmo – Civetta – Moiazza |

Schwierigkeitsgrad
★★★★★

9-10 Std.

1400 Hm

S

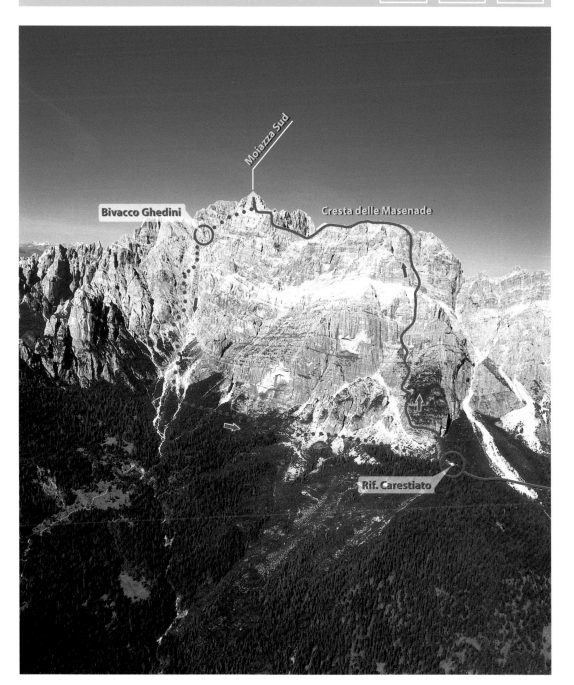

Moiazza Sud

Bivacco Ghedini

Cresta delle Masenade

Rif. Carestiato

| Anfahrt: | Von Agordo im Val Cordevole oder von Forno di Zoldo über Chiesa auf schmaler Teerstraße zum Passo Duran |
|---|---|
| Ausgangspunkt: | Passo Duran, 1601 m. Übernachtungsmöglichkeit direkt am Pass im Rifugio San Sebastiano. (www.passoduran.it) |
| Zugang: | Vom Passo Duran (der Steig Nr. 549 beginnt beim Rifugio Tomè, ebenfalls direkt am Pass gelegen) zum Rifugio Carestiato aufsteigen (Übernachtungsmöglichkeit). Weiter in nördliche Richtung zum nahen Einstieg, den man schon vom Rifugio Carestiato aus sehen kann |
| Ausrichtung: | Süd |
| Beste Jahreszeit: | Anfang Juli bis Mitte/Ende September |

## Routen-Info

Äußerst lange, anspruchsvolle und alpine Bergtour, die keine „schnellen" Fluchtmöglichkeiten bietet. Streckenmäßig langer Anstieg, der dem Bergsteiger nach Erreichen der Cresta delle Masenade noch einiges abverlangt. Eine lange Strecke am Grat, ein Abstieg, Gegenanstieg mit schwierigen Stellen am Klettersteig und zum Schluss noch der steile Anstieg zur Cima Moiazza Sud. Der Gipfel selbst kann allerdings, sollte Zeitmangel bestehen, ausgelassen werden (Zeitersparnis bis zu 1 Std.) Am Abstiegsweg, der eigentlich die Verlängerung der Ferrata Costantini (Westroute) ist, liegt eine Biwakschachtel (Bivacco Ghedini – Passo delle Nevere, 2601 m), die als Notunterkunft immer offen ist.

## Charakteristik

Langer und zum Teil auch recht monotoner Anstieg. Sehr steile Passagen wechseln mit langweiligen Teilstücken über geneigtes Plattengelände, das ziemlich Ansprüche an die Unterschenkel stellt. Dickes, gut verspanntes Stahlseil mit kurzen Abständen zwischen den Verankerungspunkten. Zudem ist der An- und Abstieg streckenmäßig sehr lange. Der Aufstieg ist bei unsicherem Wetter unbedingt zu meiden!

## Hinweis

In der Bandzone der Pala del Belia führt ein markierter Steig über ein Bandsystem nach Westen zum südseitigen Wandfuß (absolute Trittsicherheit erforderlich, zum Teil leichte Kletterei im I.–II. Grad) und von der Forcella delle Masenade leitet eine Steigspur ins Val della Moiazza zum Bivacco Grisetti (von der Cresta delle Masenade gut sichtbar) und hinunter zum Passo Duran. Zwei „Notabstiege", die aber immer noch an Länge nichts zu wünschen übrig lassen!

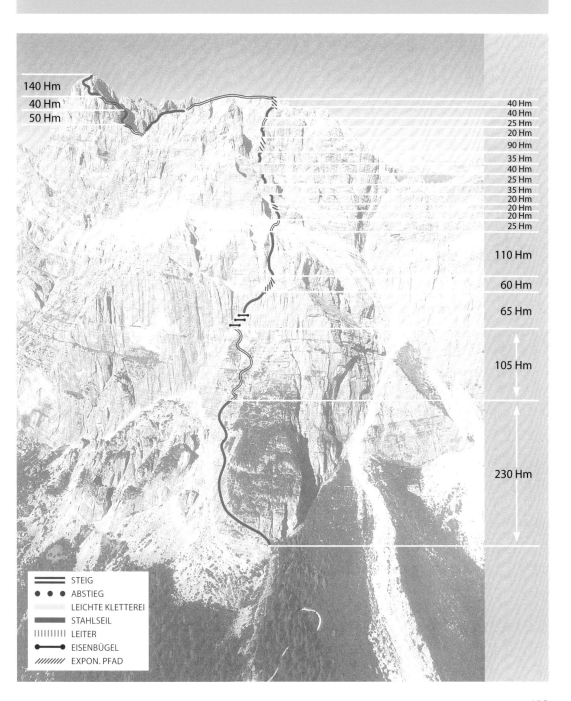

140 Hm
40 Hm
50 Hm

40 Hm
40 Hm
25 Hm
20 Hm
90 Hm
35 Hm
40 Hm
25 Hm
35 Hm
20 Hm
20 Hm
20 Hm
25 Hm

110 Hm

60 Hm

65 Hm

105 Hm

230 Hm

STEIG
ABSTIEG
LEICHTE KLETTEREI
STAHLSEIL
LEITER
EISENBÜGEL
EXPON. PFAD

# R24 Monte Boccaór, 1532 m

## Percorso attrezzato Sass Brusai

| | |
|---|---|
| Schwierigkeit: | Nur mit Stahlseil gesicherter Klettersteig mit einigen Steilstufen, die einfache Klettertechnik verlangen |
| Technische Details: | Mäßig schwieriger und im Allgemeinen nicht allzu steiler Klettersteig, alle schwierigen Passagen ausgezeichnet mit Stahlseil gesichert, dazwischen immer wieder exponiertes Gehgelände, interessante Stahlseil-Hängebrücke im obersten Teil des Anstieges |
| Detailstrecken am Klettersteig: | 62 % Stahlseil, 38 % exponierter Steig, Stahlseil-Hängebrücke ca. 8 m |
| Gesamter Aufstieg: | 937 Hm, 3¹/₂–4 Std. |
| Zustieg: | 565 Hm, 1¹/₂–2 Std. |
| Klettersteig: | 372 Hm, 1¹/₂–2 Std. |
| Abstieg: | Über einen gut bezeichneten Pfad (Beschilderung) hinunter bis man auf den Weg Nr. 152 trifft. Von hier kann man entweder ostwärts weiterwandern, bis der Weg Nr. 153 (alles beschildert) ins Tal führt, oder man wendet sich westwärts auf dem Militärweg Pian della Bala (Weggabelung). Auf Steig Nr. 151 zurück zum Ausgangspunkt. Insgesamt 1¹/₂–2 Std. |
| Zeitbedarf insgesamt: | 5¹/₂–6 Std. |
| Kartenmaterial: | KOMPASS, Blatt 632, Bassano del Grappa – Monte Grappa |

Schwierigkeitsgrad
★ ★ ★

# R24 Monte Boccaór, 1532 m

| | |
|---|---|
| Anfahrt: | Über die Brennerautobahn bis zur Autobahnausfahrt Trento. Durch das Val Sugana bis kurz vor Bassano del Grappa. Über Romano d'Ezzelino und über Paderno del Grappa nach Fietta. Dort Abzweigung ins Val San Liberale (Straßenschild). Weiterfahrt bis zum Talschluss. Genügend Parkplatz vorhanden |
| Ausgangspunkt: | San Liberale, 595 m |
| Zugang: | Vom Parkplatz auf Teerstraße vorbei am Restaurant Richtung Norden (Wegweiser). Der Zustieg, zuerst auf Forststraße (Wegnummer 153) und dann auf sehr steilem Waldweg (markiert mit roten Punkten), ist bestens ausgeschildert |
| Ausrichtung: | Süd |
| Beste Jahreszeit: | Bedingt das ganze Jahr über möglich. Beste Zeit ist der Herbst und das Frühjahr oder absolut schneefreie Wintermonate. Im Sommer nur sehr früh am Morgen (unsägliche Hitze!) |

## Routen-Info

Relativ lange Bergtour mit steilem Zu- und langem Abstieg. Gut gesicherte Steilpassagen, die Gehstrecken sind nicht besonders ausgesetzt, verlangen jedoch absolute Trittsicherheit. Einige kurze, ungesicherte Kletterstellen im I. Schwierigkeitsgrad.

## Charakteristik

Insgesamt nicht besonders steiler Anstieg über eine Felsrippe, die jedoch immer wieder in kurze Steilaufschwünge übergeht. Sehr gute Tritte und Griffe in festem Fels, das Stahlseil kann vom versierten Klettersteigbegeher als reine Sicherung verwendet werden. Neues, sehr gut verspanntes Stahlseil.

Hängebrücke

30 Hm
25 Hm
85 Hm
20 Hm
10 Hm
15 Hm
10 Hm
15 Hm
45 Hm
50 Hm
20 Hm
15 Hm
30 Hm

STEIG
ABSTIEG
LEICHTE KLETTEREI
STAHLSEIL
LEITER
EISENBÜGEL
EXPON. PFAD

# R25 Cengia di Pèrtica

## Zielhöhe 1636 m – Via ferrata Giancarlo Biasin

| | |
|---|---|
| Schwierigkeit: | Steiler bis überhängender und zum Teil sehr enger Kamin. Sehr ausgesetzte Kletterei, die viel Armkraft und gut Fußtechnik erfordert. Kurze, ungesicherte Kletterstelle am Einstieg |
| Technische Details: | Kurzer Sportklettersteig, bis auf ein paar Freiklettermeter zur Gänze mit Stahlseil gesichert. Altes, dickes Stahlseil, gut verspannt. Ideale Übungstour als „Test" zum Übergang auf lange, schwierige Aufstieg |
| Detailstrecken am Klettersteig: | 99 % Stahlseil, ca. 4 m Kletterei im II. Grad, um zum Stahlseil zu gelangen |
| Gesamter Aufstieg: | 300 Hm, 1½–2 Std. |
| Zustieg: | 200 Hm, ¾ Std. |
| Klettersteig: | 100 Hm, ½–¾ Std. |
| Abstieg: | 1 Std. bis zum Rifugio Revolto |
| Zeitbedarf insgesamt: | 2½–3 Std. |
| Kartenmaterial: | KOMPASS, Blatt 100, Monti Lessini |

Schwierigkeitsgrad
★★★★★

# R25 Cengia di Pèrtica

| | |
|---|---|
| Anfahrt: | Über die A22 Brennerautobahn bis kurz vor Verona. Weiter auf der A4 Richtung Venedig und die Ausfahrt Verona Est nehmen. Ins Val Illasi und über Tregnano und Giazza zum Rifugio Revolto. www.viamichelin.com (Reiseroutenplaner) |
| Ausgangspunkt: | Rifugio Revolto, 1336 m |
| Zugang: | Vom Rifugio Revolto auf der alten Militärstraße zum Passo Pèrtica, 1522 m. Dort steht auch die gleichnamige Schutzhütte (geöffnet von Juni bis September, Übernachtungsmöglichkeit – www.caregaweb.it auf „rifugi" klicken). Ein steiler Pfad führt in wenigen Minuten von der Hütte zum gut sichtbaren, sehr markanten Riss |
| Ausrichtung: | Südwest |
| Beste Jahreszeit: | Bedingt das ganze Jahr über möglich. Beste Zeit ist der Herbst und das Frühjahr oder auch schneefreie Wintermonate |

## Routen-Info

Kurze Bergtour mit einfachem, kurzem Zu- und Abstieg. Äußerst steiler und ausgesetzter Sportklettersteig. Armkraft, aber auch Wendigkeit sind besonders im engen Kamin gefragt. Kurze Kletterstelle im II. Schwierigkeitsgrad vom Einstieg zum ersten Eisenbügel.

## Charakteristik

Besonders im unteren Teil überhängender Aufstieg, der eine gut Portion Kraft und gute Fußtechnik verlangt. Große Rucksäcke sind für diese kurze Tour nicht zu empfehlen, denn sie sind ein Hindernis im engen Kamin!

## Hinweis

Diese Tour kann zu einer Mehr-Tages-Bergtour ausgebaut werden. Vom Passo Pèrtica kann über den Sentiero alpinistico Pojesi die Cima Madonnina erstiegen werden. Am nächsten Tag bietet sich dann die Möglichkeit vom Rifugio Scalorbi aus die Ferrata Carlo Campalani zu erklettern. Mehrere Hütten bieten Übernachtungsmöglichkeit.

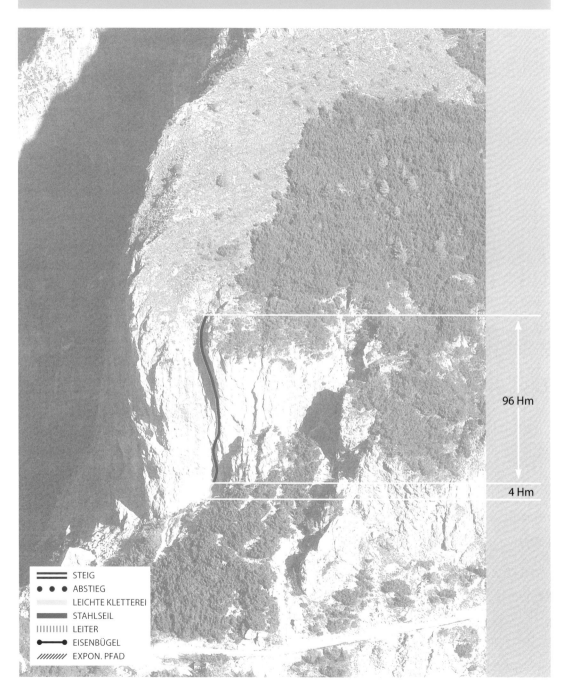

96 Hm

4 Hm

STEIG
● ● ● ABSTIEG
LEICHTE KLETTEREI
STAHLSEIL
|||||||||| LEITER
●━━● EISENBÜGEL
/////// EXPON. PFAD

### Via ferrata Angelo Viali

| | |
|---|---|
| Schwierigkeit: | Drei lange und steile Leiternreihen, wobei der untere Teil der ersten Leiter leicht überhängend ist. In Gipfelnähe senkrechte Wand, nur zum Teil durch Tritthilfen entschärft. Der glatte restliche Teil wird mit guter Tritttechnik und Armkraft gemeistert. |
| Technische Details: | Mäßig schwieriger Klettersteig, bis auf die Gipfelpassage alle Steilstufen durch Leitern und Tritthilfen entschärft, dazwischen immer wieder längere Gehpassagen. |
| Detailstrecken am Klettersteig: | 45 % Stahlseil, 10 % Leitern, 45 % Steig |
| Gesamter Aufstieg: | 564 Hm, 2–2¹/₂ Std. |
| Zustieg: | 60 Hm, 20 Minuten |
| Klettersteig: | 504 Hm, 2–2¹/₄ Std. |
| Abstieg: | Vom Gipfel auf markiertem Steig hinunter zum Passo del Ristele, links ab über flachen Weg zum Passo della Scagina und über den Weg Nr. 221 zurück zur Hütte 1–1¹/₂ Std. |
| Zeitbedarf insgesamt: | 3¹/₂–4 Std. |
| Kartenmaterial: | KOMPASS, Blatt 100, Monti Lessini |

Schwierigkeitsgrad
★ ★ ★

Monte Gramolòn

Rif. Bertagnoli

# R26  Monte Gramolòn, 1814 m

| | |
|---|---|
| Anfahrt: | Über die A22 Brennerautobahn bis kurz vor Verona. Weiter auf der A4 Richtung Venedig und die Ausfahrt Montebello nehmen. Über Arzignano und Crespadoro nach Campodalbero. Auf schmaler Asphaltstraße bis zum Rifugio Bertagnoli. Parkplatz. Lange Anfahrt. www.viamichelin.com (Reiseroutenplaner) |
| Ausgangspunkt: | Rifugio Bertagnoli, 1250 m, geöffnet von Anfang Juni bis Ende September |
| Zugang: | Bei der Kapelle am Rifugio Bertagnoli aufwärts, an der Weggabelung links weiter (Weg Nr. 221) und teilweise gesichert hinunter ins Bachbett. Kurz vor dem Überqueren zieht rechts eine Geröllrinne herab. Durch diese kurz hinauf zum Beginn des Klettersteiges |
| Ausrichtung: | Süd |
| Beste Jahreszeit: | Bedingt das ganze Jahr über möglich. Beste Zeit ist der Herbst und das Frühjahr, aber auch schneefreie Wintermonate erlauben eine Begehung |

## Routen-Info

Bergtour mit sehr kurzem Zustieg und unkompliziertem, angenehmem Abstieg. Alle exponierten Stellen sind mit zumeist gut verspanntem Stahlseil gesichert. Die Steilwand in Gipfelnähe ist sehr steil und wird nur mit Hilfe eines Stahlseiles überwunden. Etwas Armkraft ist gefragt. Diese Stelle kann auf einem schmalen Weg umgangen werden.

## Charakteristik

Klettersteig, auf dem die Steilpassagen zumeist mit Hilfe von Leitern überwunden werden. Vor allem im unteren Teil brüchiges und auch etwas erdiges Gelände. Sind mehrere Seilschaften unterwegs, ist auf Steinschlag zu achten. Zwischen den Steilstufen auch immer wieder Gehgelände. Landschaftlich sehr schön. Vor allem im Frühjahr und Herbst zu empfehlen.

## Hinweis

Wo der Klettersteig das erste Mal auf einen alten Kriegsweg trifft, kann nach links über diesen bequem abgestiegen werden. Der Weiterweg lohnt sich allemal (Wegschild). Über einen schmalen Pfad weiter bis ein etwas versteckter Wegweiser nach links zur glatten Wand (Klettersteig) weist.

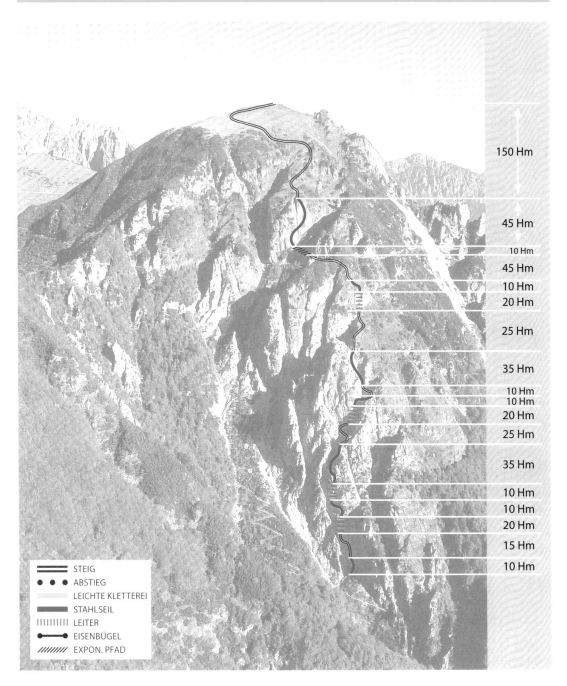

150 Hm

45 Hm

10 Hm

45 Hm

10 Hm

20 Hm

25 Hm

35 Hm

10 Hm
10 Hm

20 Hm

25 Hm

35 Hm

10 Hm

10 Hm

20 Hm

15 Hm

10 Hm

═══ STEIG
● ● ● ABSTIEG
▨▨▨ LEICHTE KLETTEREI
▬▬▬ STAHLSEIL
|||||||||| LEITER
●━━━● EISENBÜGEL
////////// EXPON. PFAD

# R27 Monte Albano, 560 m

## Via attrezzata Monte Albano

| | |
|---|---|
| Schwierigkeit: | Technisch äußerst schwieriger Klettersteig in überaus steilem Fels mit außerordentlich exponierten Passagen. Armkraft und gute Fußtechnik erforderlich |
| Technische Details: | Sehr steiler und überaus exponierter Klettersteig mit ungesichertem Einstieg. Die Fortbewegung erfolgt hauptsächlich am Stahlseil, zwischendurch künstliche Steighilfen (Eisenstifte, kleine Metalltritte) vorhanden |
| Detailstrecken am Klettersteig: | 99 % Stahlseil, 1 % leichte Kletterei, im Mittelteil kurzer Gehabschnitt, ebenfalls mit Stahlseilen gesichert |
| Gesamter Aufstieg: | 425 Hm, 2–2½ Std. |
| Zustieg: | 175 Hm, ½ Std. |
| Klettersteig: | 185 Hm, 1½–2 Std. |
| Ausstieg – Weggabelung Abstieg: | 65 Hm, 15 Minuten |
| Abstieg: | Vom Ausstieg dem Weg aufwärts folgen, an der ersten Weggabelung (Beschilderung „Rientro attrezzato") rechts über einen gesicherten Abstieg oder weiter auf dem Weg bis zum „Sentiero rientro" und über diesen ohne Schwierigkeiten zurück zur Wallfahrtskirche. Bis nach Mori ½–¾ Std. |
| Zeitbedarf insgesamt: | 3–3½ St. |
| Kartenmaterial: | KOMPASS, Blatt 687, Monte Stivo – Monte Bondone |

Schwierigkeitsgrad
★★★★★

116

3-3½ Std.  425 Hm  S

Wallfahrtskirche Monte Albano
Chiesetta Monte Albano

117

# R27  Monte Albano, 560 m

| | |
|---|---|
| Anfahrt: | Über die Brennerautobahn bis zur Autobahnausfahrt „Rovereto Sud". Der Beschilderung Mori" (auf der Umfahrungsstraße) folgen und immer weiter Richtung „Centro". An der Kreuzung mit der alten Staatsstraße rechts abbiegen. Kurz gegen Rovereto; gegenüber der Toyota-Vertretung Parkplatz und Parkmöglichkeiten |
| Ausgangspunkt: | Die Ortschaft Mori, 204 m |
| Zugang: | Richtung „Centro", dann rechts ab (Beschilderung „Via attrezzata„) und hinauf zur Wallfahrtskirche Monte Albano. Daran vorbei und über ausgeschilderten Weg zum Einstieg |
| Ausrichtung: | Süd |
| Beste Jahreszeit: | Das ganze Jahr über möglich. Herbst und Frühjahr oder warme Tage in den Wintermonaten sind vorzuziehen. Im Sommer nur sehr früh am Morgen oder an bedeckten Tagen (Hitze!) |

**Routen-Info**

Relativ kurze, aber äußerst anspruchsvolle Bergtour mit einfachem und kurzem Zu- bzw. Abstieg. Der gesamte Aufstieg ist ungemein exponiert angelegt. Bei Nässe ist wegen der sehr glatten Felsstruktur von einer Begehung abzuraten! An Wochenenden hochfrequentiert.

**Charakteristik**

Äußerst exponierter Anstieg, der eine ordentliche Portion Armkraft erfordert. Karge Trittmöglichkeiten, wo keine künstlichen Steighilfen vorhanden, zudem ist der Fels extrem abgespeckt. Schwierige und ungesicherte Kletterstelle direkt vom Einstieg bis zum ersten Drahtseil (3 Meter, III. Schwierigkeitsgrad, sehr glatt), der restliche Teil zur Gänze mit gut verspanntem Stahlseil abgesichert.

182 Hm

3 Hm

STEIG
●  ●  ● ABSTIEG
LEICHTE KLETTEREI
STAHLSEIL
|||||||||| LEITER
●━━━● EISENBÜGEL
/////// EXPON. PFAD

## Via attrezzata Rino Pisetta

| | |
|---|---|
| Schwierigkeit: | Da die Fortbewegung ohne künstliche Tritte nur am Stahlseil erfolgt, verlangt dieser Anstieg gute Klettertechnik sowie eine gehörige Portion Armkraft. Manche Passagen sind zum Teil sehr ausgesetzt |
| Technische Details: | Sehr steiler Klettersteig, im Zentralteil bis auf zwei kurze Gehstrecken durchgehend mit Stahlseil gesichert, jedoch ohne künstliche Steighilfen. Für den versierten Klettersteigbegeher gibt es relativ gute, natürliche Trittmöglichkeiten. Die extremen Steilaufschwünge verlangen viel Armkraft, werden aber durch einfachere Zwischenpassagen immer wieder entschärft |
| Detailstrecken am Klettersteig: | 75 % Stahlseil, 25 % Steig (hauptsächlich gegen den Ausstieg hin) |
| Gesamter Aufstieg: | 715 Hm, 3–3 1/2 Std. |
| Zustieg: | 315 Hm, 1 Std. |
| Klettersteig: | 400 Hm, 2–2 1/2 Std. |
| Abstieg: | Vom Ausstieg am Dain Picol hinunter nach Ranzo (Beschilderung). Kurz vor der Ortschaft links ab (mehrere Schilder) zur gut sichtbaren Kapelle San Vigilio. Ab Kapelle ist der Weg zurück nach Sarche immer wieder ausgeschildert und mündet am Ende in den Zustiegsweg. Kurzer gesicherter Abschnitt im untersten Teil des Abstieges 1 1/2 Std. |
| Zeitbedarf insgesamt: | 4 1/2–5 Std. |
| Kartenmaterial: | KOMPASS, Blatt 687, Monte Stivo – Monte Bondone (eventuell Anschlussblatt 688 / Abstiegsroute auf Blatt 687 nur zum Teil sichtbar) |

Schwierigkeitsgrad
★★★★★

| | |
|---|---|
| Anfahrt: | Über die Brennerautobahn bis zur Autobahnausfahrt Trento. Weiter Richtung Toblinosee und bis in die Ortschaft Sarche. Parkmöglichkeiten bei der Kirche |
| Ausgangspunkt: | Die Ortschaft Sarche, 252 m |
| Zugang: | Von der Kirche ein kurzes Stück Richtung Trento, dann links ab (Brunnen – Autowerkstätte). Hier beginnt die Beschilderung für den Klettersteig. Den Markierungen über einen Serpentinenweg zum Einstieg folgen |
| Ausrichtung: | Südost |
| Beste Jahreszeit: | Das ganze Jahr über möglich. Beste Zeit ist der Herbst und das Frühjahr oder warme Tage in den Wintermonaten. Im Sommer nur sehr früh am Morgen oder an bedeckten Tagen (Hitze!) |

## Routen-Info

Äußerst anspruchsvoller Aufstieg mit technisch einfachem Zu- und Abstieg. Zum Teil sehr steile Felspassagen. Fehlt die richtige Fußtechnik, so kommt eine gehörige Portion Armkraft zum Einsatz! Bei Nässe ist von einer Begehung abzuraten! An Wochenenden sehr frequentierter Klettersteig.

## Charakteristik

Sehr steiler und zum Teil auch exponierter Anstieg. Immer wieder gute Tritte und Griffe in festem Fels, der an einigen Passagen schon etwas abgespeckt ist. Im oberen Teil lässt die Felsqualität etwas zu wünschen übrig (erhöhte Steinschlaggefahr!). Gut verspanntes Stahlseil, an einigen schwierigen Stellen zu nahe an der Felswand (Achtung auf die Hände!).

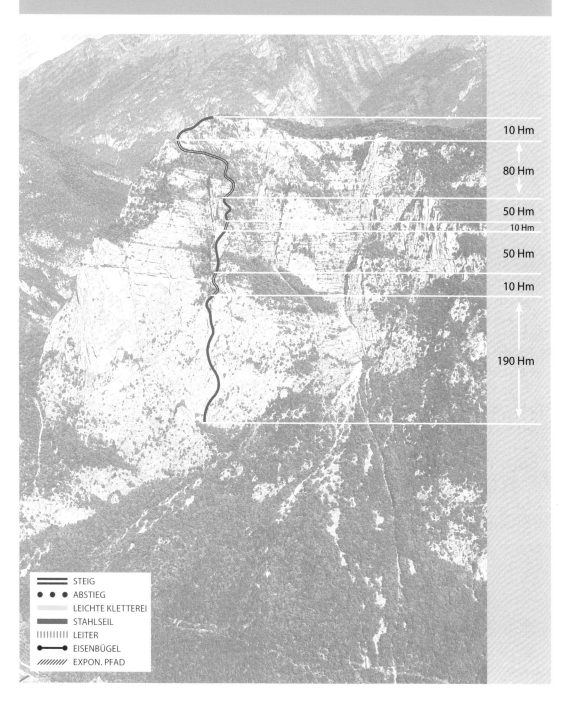

10 Hm

80 Hm

50 Hm

10 Hm

50 Hm

10 Hm

190 Hm

═══ STEIG
● ● ● ABSTIEG
▓▓▓ LEICHTE KLETTEREI
▬▬▬ STAHLSEIL
||||||||| LEITER
●━━● EISENBÜGEL
/////// EXPON. PFAD

# R29 Palòn, 2096 m

## Via ferrata Pero Degasperi

| | |
|---|---|
| Schwierigkeit: | Exponierter Zustiegsweg, auf kurzen Teilstücken gesichert, größtenteils ausgesetzter Aufstieg mit sehr steilen Abschnitten |
| Technische Details: | Ausgesetzter, komplett mit Stahlseil gesicherter Klettersteig mit einigen kniffeligen Stellen, an denen feine Fußtechnik angewandt werden muss, ansonsten hilft nur rohe Armkraft. Kaum künstliche Tritthilfen vorhanden |
| Detailstrecken am Klettersteig: | 90 % Stahlseil, 10 % exponierter Pfad |
| Gesamter Aufstieg: | 690 Hm, $3^{1}/_{2}$–4 Std. |
| Zustieg: | 210 Hm Aufstieg, 70 Hm Abstieg, $1^{1}/_{2}$ Std. |
| Klettersteig: | 340 Hm Aufstieg, $1^{1}/_{2}$ Std. |
| Ausstieg – Palòn: | 140 Hm, $^{1}/_{2}$ Std. |
| Abstieg: | Vom Gipfel über die Skipiste oder auf dem Fahrweg zurück zum Ausgangspunkt. Anstatt zum Gipfel des Palòn aufzusteigen, kann direkt vom Ausstieg des Klettersteiges abgestiegen werden (Hinweistafel Vason). 1–$1^{1}/_{2}$ Std. |
| Zeitbedarf insgesamt: | $4^{1}/_{2}$–5 Std. |
| Kartenmaterial: | KOMPASS, Blatt 687, Monte Stivo – Monte Bondone |

Schwierigkeitsgrad
★ ★ ★ ★

125

# R29 Palòn, 2096 m

| | |
|---|---|
| Anfahrt: | Von Trient Richtung Gardasee, dann der Beschilderung zum Monte Bondone folgen. Bis in die Ortschaft Norge und weiter zum Hotel Baita Montesel (Beschilderung auf der Bondone-Straße). Das Hotel liegt direkt am Rande einer Kehre (Parkplatz – Sessellift) |
| Ausgangspunkt: | Das Hotel Baita Montesel, 1480 m |
| Zugang: | Den großen Parkplatz vor dem Hotel überqueren und dem Hinweisschild „Ferrata Degasperi" folgen. Unter dem zweiten Sessellift hindurch und hinauf auf den Sattel am Rücken des Monte Vason. Mehrere Hinweisschilder. Der Tafel „sentiero attrezzato" Richtung Süden folgen. Über diesen Steig zum Einstieg |
| Ausrichtung: | Ost |
| Beste Jahreszeit: | Mitte/Ende Mai bis Ende Oktober (an schönen Tagen auch weitaus länger möglich) |

## Routen-Info

Landschaftlich sehr reizvolle Bergtour, die sich bestens für das Frühjahr oder den Herbst eignet. Im Sommer nur früh am Morgen empfehlenswert (ansonsten besteht die „Gefahr des Verglühens"). Der relativ lange und ausgesetzte Zustieg, der zum Großteil eine lange Querung mit ständigem Auf und Ab ist, verlangt absolute Trittsicherheit (auf kurzen Passagen Stahlseilsicherung). Der Klettersteig ist steil, die Felsqualität nicht immer die beste und oft gilt es glatte Passagen zu meistern. Der Abstieg hinunter über die Skipisten in die verbaute Welt des Wintertourismus ist einfach.

## Charakteristik

Eine ausgesetzte Querung mit unangenehmer Seilführung gibt im unteren Teil des Anstieges den Auftakt. Im Mittelteil trifft man immer wieder auf sehr steile, zum Teil schon leicht überhängende Passagen, die über glatten Fels führen. Gute Fußtechnik ist hier angesagt. Nur wenige künstliche Tritthilfen entschärfen diese Schlüsselstellen.

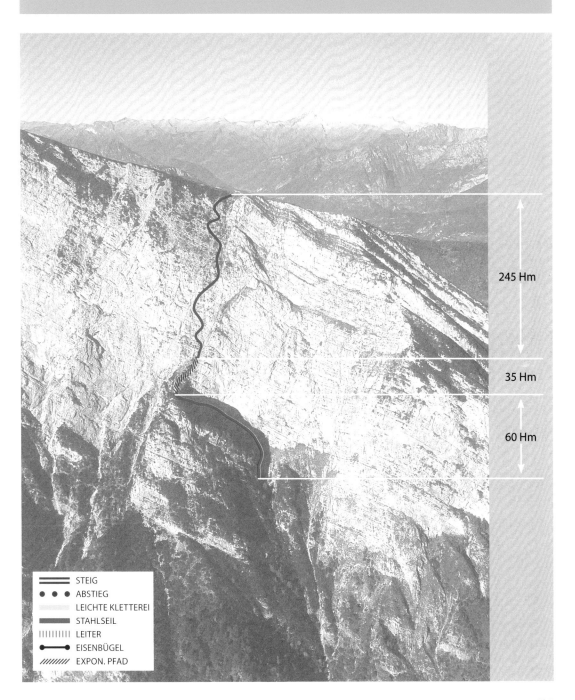

245 Hm

35 Hm

60 Hm

STEIG
ABSTIEG
LEICHTE KLETTEREI
STAHLSEIL
LEITER
EISENBÜGEL
EXPON. PFAD

## Via ferrata Rio Secco

| | |
|---|---|
| Schwierigkeit: | Griff- und trittarmer Anstieg über vom Wasser glattgeschliffene Felsplatten, der viel Armkraft erfordert. Bei Gewitter mit starken Regenfällen ist dieser Anstieg auf alle Fälle zu meiden. Der „trockene Bach" kann sich allzu schnell in einen gefährlichen Wildbach ohne Fluchtmöglichkeit verwandeln |
| Technische Details: | Kurzer, zum Teil sehr steiler Klettersteig über glatten, griffarmen Fels, zweimal Gehpassagen, der Rest mit Stahlseilen gesichert. An einigen schwierigen Stellen finden sich Eisenstifte als Tritthilfe, ein Steilaufschwung ist mit Eisenbügeln entschärft |
| Detailstrecken am Klettersteig: | 65% Stahlseil, 2 % Eisenbügel, 33 % Steig |
| Gesamter Aufstieg: | 410 Hm, 2–2$^1/_2$ Std. |
| Zustieg: | 130 Hm, $^1/_4$–$^1/_2$ Std. |
| Klettersteig: | 210 Hm, 1$^1/_2$–1$^3/_4$ Std. |
| Ausstieg – Dosson: | 70 Hm, $^1/_2$ Std. |
| Abstieg: | Vom Ausstieg auf zum Teil gesichertem Weg zu einer Weggabelung im Wald. Der Beschilderung „Rientro attrezzato" nach links folgen. Der Abstieg ist ebenfalls auf kurzen Teilstücken gesichert $^3/_4$ Std. |
| Zeitbedarf insgesamt: | 2$^1/_2$–3 Std. |
| Kartenmaterial: | KOMPASS, Blatt 075, Altipiano di Pinè – Val di Cembra – Val dei Moccheni |

Schwierigkeitsgrad
★★★★

2½-3 Std. | 410 Hm | W

Dosson

129

# R30 Dosson, 625 m

| | |
|---|---|
| Anfahrt: | Über die Brennerautobahn zur Autobahnausfahrt Neumarkt und über die Staatsstraße nach Salurn. Vom Ortsende Süd (Ortsschild) 5 km Richtung Mezzocorona. Rechts großer Parkplatz (Restaurant), direkt gegenüber eine Kapelle |
| Ausgangspunkt: | Die Kapelle gegenüber dem Parkplatz, 215 m (Tafel mit Skizze des Klettersteiges) |
| Zugang: | Hinter der Kapelle über einen steilen Weg durch lichten Blätterwald bis zu einer Bank direkt am Einstieg |
| Ausrichtung: | West |
| Beste Jahreszeit: | An Schönwettertagen ohne Niederschlag das ganze Jahr über möglich |

## Routen-Info

Kurze Bergtour mit einfachem Zu- und Abstieg, wobei der Abstieg an den exponierten Stellen mit Stahlseilen gesichert ist. Bei Nässe ist von einer Begehung der Route abzuraten. Gewitter mit starken Regenfällen sind in dieser Schlucht tunlichst zu vermeiden!

## Charakteristik

Streckenweise sehr steile Passagen über glatten Fels. Da der Aufstieg größtenteils am Stahlseil und ohne großartigen Tritthilfen erfolgt, ist Armkraft gefragt. Ungefähr auf halber Strecke gibt es die Möglichkeit (Beschilderung) die Schlucht nach links zu verlassen.

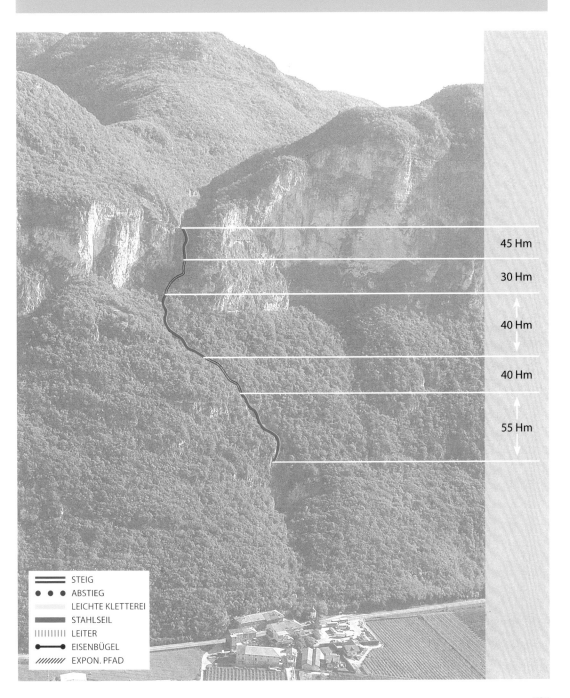

45 Hm

30 Hm

40 Hm

40 Hm

55 Hm

STEIG
ABSTIEG
LEICHTE KLETTEREI
STAHLSEIL
LEITER
EISENBÜGEL
EXPON. PFAD

## Schutzhaus
# Tierser Alpl
### 2440 m

Judith und Stefan Perathoner
**Plojerweg 17 • 39040 Kastelruth**

Tel. Hütte   +39 0471 727 958
Tel. privat   +39 0471 707 460
Mobil.   +39 333 6546 865
**www.tierseralpl.com**
info@tierseralpl.com

🛏 30   🛏 50
Gepäcktransport   ✓
**Öffnungszeiten**   Anfang Juni – Mitte Oktober

**P**   Parkmöglichkeit für Auto
**Seis:** Talstation Seiser Alm Bahn
**Tiers:** Tschamin Schwaige
Bei Übernachtung auf der Hütte Fahrge-
nehmigung bis Seiser Alm / Gasthof Dialer
auf Anfrage

**Anfahrt**
**Auto** Bozen–Seis–Seiser Alm Bahn
**Busverbindungen** Bozen–Kastelruth–Seiser Alm

| Gipfelziele in der Umgebung | | |
|---|---|---|
| Maximilian-Klettersteig | 2580 m | 3 Std. |
| Laurenzisteig | 2852 m | 4 Std. |

**Zustieg** 2 Std. ab Seiser Alm / Compatsch
3½ Std. ab Tiers / Tschamin Schwaige

# Grasleitenhütte
## CAI Sez. Bergamo   2165 m

**St. Zyprian 72 • 39050 Tiers am Rosengarten**

Tel. Hütte   +39 0471 642 103
Tel. privat   +39 0471 642 181
**www.tiersertal.com/grasleiten**

🛏 44   🛏 26

**Öffnungszeiten**   1.6.–5.10.

**P**   Parkmöglichkeit für Auto
Weisslahnbad 1100 m

**Zustieg** 3 Std.

**Anfahrt**
**Auto** Bozen–Tiers–Weisslahnbad
**Busverbindungen** Bozen–Tiers–St. Zyprian

| Gipfelziele in der Umgebung | | |
|---|---|---|
| Laurenzi-Klettersteig | 2564 m | 4 Std. |
| Maximilian-Klettersteig | 2580 m | 3½ Std. |
| Kesselkogel-Klettersteig | 3002 m | 3½ Std. |

**Zeichenerklärung**
 Betten    Warm-/Kaltwasser    Frühstück   IIII Heizung
🛏 Lager    Waschraum   ✕ Warme Küche   ● Licht/Strom

© 2007 by Tappeiner AG, Lana (BZ)
Alle Rechte vorbehalten

Deutschsprachige Ausgabe für Deutschland, Österreich
und Schweiz:
© 2007 BLV Buchverlag GmbH & Co. KG, München

Bildnachweis:
Tappeiner AG
Tappeiner Aerphoto Service | Christjan Ladurner

Umschlaggestaltung: Tappeiner AG, Lana (BZ)
Gesamtherstellung: Tappeiner AG, Lana (BZ)

Printed in Italy

ISBN 978-88-7073-400-3

www.tappeiner.it